NEXUS OF
BUSINESS ✚ TECHNOLOGY

商业和科技的前沿思考

吴晨【著】

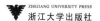
ZHEJIANG UNIVERSITY PRESS
浙江大学出版社

以知论道，道不远人

吴晨的《聚变：商业和科技的前沿思考》即将出版，我有机会先睹为快，在此略陈一点感想，以就教于读者诸君。

吴晨多年来在国际一流财经媒体工作，视野开阔，涉猎广博，勤于阅读。他不仅常把全球知名学者、作家的最新思考介绍给我们，而且在融会贯通后，总会用充满睿智和情怀的一家之言，启迪我们的思考。

吴晨近年来供职于《经济学人·商论》。《经济学人》是一本1843 年创立的刊物，它的愿景——"致力于一场严酷的斗争，一方是勇于向前的理智，另一方是阻挡我们前进的无知——此等无知毫无价值且怯懦"——对中国几代财经媒体人都有深刻影响。在我看来，本书中很多文章都体现了《经济学人》这种知性、智性的力量，即通过对现象背后的事实的挖掘，用符合理智的逻辑，支撑自己的立场与观点。

以开篇的《对2019年的十大预测》为例，题目宏大，但都基于事实和逻辑。"2019年气温持续升高是个大概率事件"，这是因为过去18年里有17年地球都变得越来越热，2018年北极附近地区出现了32℃的高温，冰山融化，北极熊母子只好趴在窄窄的冰块上。如果气候变暖造成南极冰原融化，再加上格陵兰岛和北极圈冰山消融，到2100年，全球海平面将上升9米左右。因此，"人类的行为已经超出了地球可持续发展的边界。我们只有不到一代人的时间去减少碳排放，拖慢全球变暖的速度，不然整个世界都可能濒临危险"。

又如《反思中兴通讯事件》一文提出，基础科研并不完全遵循市场规律，欧美国家技术领先是因为他们的政府已经集中力量在基础科研领域投资了几十年。2013年OECD（经济合作与发展组织）成员国政府在研发领域的投资大约是400亿美元，此外为私营企业提供了300亿美元的研发税收减免。美国半导体产业的发展就是政府采购推动的最好例子，即使今天的"硅谷钢铁侠"马斯克，他旗下的三家主要公司——特斯拉、SpaceX和SolarCity，所获得的从联邦到州到地方各级政府的研发拨款、税收减免、厂房建设补助及低息贷款加在一起，总共高达49亿美元。此外，政府给了新能源车每辆5000美元的补贴，也给购买太阳能电板的消费者税收减免，NASA和美国空军对SpaceX的采购额已经超过55亿美元。由此可以得出，"无论是基础技术研发的投入还是技术应用的创新，都离不开'看得见的手'和'看不见的手'"，"所有技术领先的国家都是'集中力量办大事'的。不同的是，它们的产学研一体化程度更深，公共投资的治理水平更严密、更科学"。

通读全书，还能感受到作者对中国发展与进步的情怀。他介绍国外的新知，落脚点还是中国方方面面的现代化。这就是中国读书人的使命感。

国学大师钱穆曾说，从文字看，"士"是"推十合一"，"善做学问者必能推"，推到最后，是"将全人类全民族全国家此一完整大道为我之志，为我之道"。在他看来，"士"有两重性，智识、专业知识技能是材质性的必要条件，"志于道"则是充分条件。他说，"中国人所讲的道字，则不仅是一个具体存在的事实，而还包括一个价值理想在里面"，"文化中有意义有价值者，始称道"。

由于移动互联网的普及和自媒体的兴起，中国的内容供给空前膨胀。但其中弥漫着非常多的情绪，甚至可以说感性大大超过了理性，很多观点赖以存在的事实并不牢固，不少分析无法自洽，不仅逻辑不通，连逻辑前提也不成立。在此背景下，读到吴晨这样的言之成理、持之有据、道不远人的文章，确实有正本清源之感。

好文章使人益智，乐莫乐兮共享之。

秦朔

《南风窗》《第一财经日报》前总编辑

构建面向未来的知识体系

我们所处的是一个科技以乘数效应迈进的数字时代，很多人都感觉仿佛是在追赶奔跑的列车，很容易被甩下来，也很担心被甩下来——焦虑因此而生。技术带来信息爆炸的同时也在碎片化我们的时间、我们的认知，乃至我们的知识体系。知识的快餐吃得久了，尤其还习惯了被喂养，反而让我们暴露在更大的风险之下——论知识的囤积，我们是比拼不过机器的。

所以，"慢是新的快"——拿出大块时间去阅读、去思考——是抵消时代焦虑最好的解药，也是应对快速变化的良药。广泛阅读，就能发掘出不同领域表象之下千丝万缕的联系。勤于思考，尤其去思考十字路口的问题，也就是跨行业、跨领域的交叉问题——比如快速变化的科技应用到底会对未来商业模式带来什么样的影响——会不断获得启发，也因此会对这个快速复杂多变的世界有更清晰的认知。

我们正在进入一个终身学习的时代。什么叫终身学习？这里有两层含义：一方面，知识的半衰期越来越短，每个人的知识储备约6~8年就需要更新，未来的更新频率可能越来越快；另一方面，我们每个人都要做好"50岁是新的20岁"的准备，即当你50岁时，你的工作被机器取代而使你不得不重新开始一份新的职业。在这个意义上，广泛阅读很重要，它会帮助你理解过去并了解当下，使我们能够保持自己的生活节奏；深入思考也很重要，因为那仍然是人与机器最大的区别。

阅读与思考正是集千万人智慧于一处，帮助我们更加高效地看待和解决问题。人际关系有"六度空间"理论，知识体系也有着自己独特的空间。十本书可能涉猎两到三个不同的领域，但其中的相似之处会带给人意想不到的豁然贯通之感。

每个人阅读的出发点不同，每个人都有特定领域的知识积累，也存在各种不同领域的盲点。比如，当今世界快速发展的推动力是科技的变化，但作为非科学研究者的我们，通常很难直接去理解和掌握各种前沿科技，每个人应该力图去做的，是探索科技变化的背后，它给经济、商业和社会所带来的影响。这种探索，一方面可以以史为鉴，研究人类历史几千年，尤其是工业革命之后的几百年，科技变革的浪潮给人类社会到底带来了怎样的冲击和影响，而这种冲击和影响又是如何随着新科技的应用和推广而深入社会的方方面面的；另一方面，则要不断问问题，追问这一轮以大数据和人工智能为代表的新科技或者"黑科技"与之前的浪潮有什么不同。

通过对历史的研究还能发现，任何一次科技变革所带来的改变都不是单一新科技对单一旧科技的简单替代，而是更为深远的变化。这种变化可能体现在工业流程的巨大改变——蒸汽机时代的工厂布局是中心化的，以蒸汽机这一动力源为中心；而在电力被发明、电机被广泛使用的新时代，工厂被去中心化了，因为即插即用的电和小型化的电机让动力源可以更分散地分布。这一变化也可能体现在旧与新的对抗中。新技术的使用从来不是一蹴而就的，很早就有人看到了集装箱的优势。集装箱装卸简便，装卸船的时间是散装船的几十分之一，效率的提升将大大增加港口的吞吐量，也让设计大型货轮和超大型货轮成为可能；但是集装箱的推广会直接导致大量港口工人失业。效率提升，由塔吊来完成集装箱的装卸，甚至实现无人港口，背后是散装货轮装卸货物所需要的成百上千工人的重新就业问题。

每个人都有自己的知识积累，广泛的阅读和深入的思考能够帮助我们更好地应对未来的趋势，解读复杂的问题，它可以帮助我们查缺补漏，吐故纳新，构建面向未来的知识体系。

正如诺贝尔经济学奖得主罗默所说："知识与创意将是未来经济发展最大的推动力。"阅读与思考，最终都要落脚于可以分享出来的知识的积累。这本小书，就是我过去一年对搭建面向未来的知识体系的积极尝试，涵盖了从数字经济到商业转型，从航天轶事到医改创新，从对全球金融危机十周年的思考到以新兴市场荣枯法则看中国发展等各方面的议题。题目看似繁杂，仔细梳理一下，又似乎有一定的脉络——一言以蔽之，就是如何通过对历史、对他山之石、对跨界思考的梳理，来帮助我们去理解这个日益快速变化的复杂世界，积累起前瞻与洞察，增强应对变化的底气。

目 录

第三章　评论与思考

第四章　求变中国

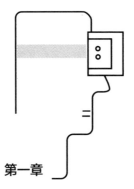

第一章

商业趋势

对 2019 年的十大预测

莎翁有句名言："全世界都是舞台，男男女女无不都是演员。"（All the world's a stage. And all the men and women merely players.）用这句话来概括 2018 年准确至极。没有哪个年头的戏码比 2018 年更多。

2019 年又会如何？舞台已经搭好，戏才刚刚开演。

不过，我对 2019 年的十大预测，并不想聚焦在正在上演的大戏上。按照以布罗代尔为代表人物的年鉴学派的分析：地理上的长时间是地质时间，所谓沧海桑田；一个世纪则构成了中等周期，可以看到人口结构、经济、农业及政治的系统变迁；地质时间和世纪周期构成了人类活动的基本背景架构，在此之上才是媒体每天关注的人世戏码的起起伏伏。

我的十大预测，也希望从人与地球这样的宏大的世纪周期开始。

第一个预测：2019 年会是北半球最热的一年。经历了 2018 年，气候变暖带来的灾害已经给我们留下了深刻印象。

2018 年传播甚广的一张照片是趴在狭窄冰块上的北极熊母子。北极附近地区出现了 32℃ 的高温，冰山融化，很多北极熊找一块栖身之地都不容易，这在哪怕几年前都是很难想象的。2018 年是有历史记录以来北半球夏季气温第二高的年份，过去 18 年里有 17 年，地球都在变得越来越热。因此 2019 年气温持续升高是个大概率事件。

气候变暖如果造成南极冰原融化，再加上格陵兰岛和北极圈冰山消融，到 2100 年，全球海平面将上升 9 米左右。海平面上涨会带来多大损失呢？据某调研机构统计，如果海平面上升 9 米，全球将有 136 座大城市被淹没，这些大城市目前已经有 5.5 亿的人口。

2018 年的气候变暖给我们带来了巨大灾害。比如，美国加利福尼亚州的山火导致的伤亡惨重，带来的直接财产损失和环保灾害亦十分严重。而按照美国气象机构的分析，现在山火已经是不分季节不分年份地频发。类似的灾害频发，可能导致越来越多的保险公司不再愿意为类似的自然灾害投保，或者会大幅提高保费，这些都是气候变暖导致的成本。

把气候变暖列为我的第一项预测，其实是想说明三个道理。

◎人类的行为已经超出了地球可持续发展的边界。我们只有不到一代人的时间去减少碳排放，拖慢全球变暖的速度，不然整个世界都可能濒临危险。

◎先污染后治理、先排放再减排的做法已经不可行了，必须践行新的环保经济学。

◎推广清洁能源，必须有整体性思维。若整个发电的基础设施仍然大部分依赖煤电，即使全面推广电动汽车，也依旧无法扭转气候变暖的趋势。

谈到气候变暖问题，其实是在谈经济发展过程中一个非常重要的外部性问题。什么是"外部性"呢？就是经济发展过程中会产生一些不需要经济主体负责任的影响和后果。气候变暖和环境恶化就明显具备负的外部性，全体老百姓都要为经济主体的行为造成的恶果买单。

2018年两位获诺贝尔奖的经济学家，其研究都涉及外部性问题。我的**第二个预测**因此也与外部性相关。

世界银行每年都会公布营商环境排名，我预测2019年，营商环境排名会增加人力资源指标。原因很简单，营商环境竞争的锦标赛已经沦落成各个国家为争取排名而耍花样的万花筒，许多国家都希望以最小的改革换取最大的排名进步，其中最典型的莫过于印度和俄罗斯。现有的营商环境只考虑监管和税收这两项，以及注册一家小公司、获得施工许可证和纳税等需要多少时间，没有任何挖掘一个国家发展潜力的指标。未来企业发展所需的营商环境则大为不同。有意思的是，2018年的诺贝尔经济学奖得主保罗·罗默就曾短期担任世界银行首席经济学家。他于2018年1月突然离职，据说不满意营商环境排名是他离职的原因之一。

罗默获奖是因为他提出的四要素增长理论。在传统的两大生产要素——资本和劳动（体力劳动）之外，他又增加了人力资本和新思想两大要素。他倡导的经济增长观，恰恰适应了当前经济发展从有形资产向无形资产转变这一趋势，而人力资本和新思想都是重要的无形资产。

知识和创意带来正的外部性。知识是一种公共品，具有非竞争性和非排他性，知识的分享会让更多人获益。罗默提出，恰恰因为知识和创意拥有外部性的特点，它们和资本或者劳动这样的要素相比，才有着规模效益递增的效果，即知识更多，其边际贡献更高，而不是像资本那样边际效益递减。

世界银行其实已经有了关于人力资源的指标，主要衡量一个国家的总体健康水平和受教育水平。2018年，中国的这一指标排名第44位，高于营商环境第78位的排名，这证明以发展潜力来衡量的话，中国更值得投资。

我对2019年的**第三大预测**即和人力资源有关。我预测2019年我国会全面放开生育，计划生育政策彻底成为过去。原因很简单，中国的人口结构正在急剧发生变化。

对于一个国家的经济发展而言，人口结构至关重要，而最重要的问题是——国家的人才库是在壮大还是缩水。判断国家人才库动态有两个指标：一个是未来5年劳动力人口增长的预测曲线（这里劳动力人口的定义是15~64岁的人口总数），另一个则是政府采取什么措施来抵消人口增长的放缓。中国劳动力人口发展已经走过了拐点，2003年劳动力人口年度增长开始低于2%，到了2015年，增长第一次为负数，劳动力人口变化的速度惊人。

人口增长放缓的另一面是人的预期寿命大幅增长。中国的人均预期寿命已经达到77岁，和许多发达国家不相上下。一项分析预测，中国65岁以上的老人占总人口的比例到2027年将达到14%，相对于2000年7%的水平翻了一番。类似的翻番，法国用了115年，美国用了69年。经济学家预测一个国家经济发展潜力的另一项指标是赡养比例，也就是退休老人与劳动力人口之比。中国2010年经济增速见顶，之后中国人口结构的赡养比例也开始从1：3（1个老人3人赡养）开始攀升。如何鼓励生育一下子成了政策制定者面临的新问题。如果赡养比例快速飙升，不仅社保面临巨大缺口，整个经济发展的活力也可能出问题。

很多国家鼓励妇女生育两个以上的孩子，给第三个孩子给予高额补贴。举例来说，加拿大1988年就开始提供生育补贴，澳大利亚和法国也都在2005年开始各自推出生育补贴，法国的生育补贴尤为慷慨。遗憾的是，上述生育补贴没有一例创造出令人惊艳的成效，即并没有从根本上扭转本国生育率降低的趋势。老百姓的生育问题实在是一个复杂的问题，既关乎每个人的自由权利，也与城镇化息息相关，还取决于社会习惯的转变，绝不是出台一个刺激政策就可能立竿见影的。

即使2019年全面放开生育，想要改变"少子化"的趋势仍然很艰难。鼓励家庭养育孩子，需要政府、社会和家庭的共同努力。一些普遍的经验值得推广，比如父母双方都能享受足够长的带薪休假、政府加大对托儿所和幼儿园的投资等。另一些当前特有的问题，比如高房价的压力、教育资源的不均，则需要更多创新讨论去破题。

我的前三个预测是关于人与自然、如何衡量经济发展的大环境及人口政策这样的宏大问题。之后的三个预测则专注于过去几年我一直研究的科技会给商业和社会带来什么样的变革这一话题。

我的**第四个预测**是：2019 年全世界会出现第一家个人数据交易所。

为什么是个人数据交易所？因为一方面在数字经济时代，最重要也最有价值的大数据就是个人的在线数据及个人线上线下的行为数据，这些数据可能被巨头或政府所搜集。另一方面，随着人工智能和大数据应用的发展，越来越多的人担心数据隐私问题。个人数据交易所就是为解决这些问题而设立的。

为了保护隐私，欧洲 2018 年已经出台了《通用数据保护条例》（GDPR，General Data Protection Regulation），也就是保护个人数据隐私的专门法律。GDPR 特别强调个人数据的遗忘权及数据的可携带权。两者其实都在强化个人隐私数据的归属。

而如果有了一个个人数据交易所，就可以解决三个重要问题。

第一是确权，确定这些数据到底属于谁——当然是属于个人。数据只有确权之后才能确定如何使用，从而避免滥用。

第二是打破巨头、平台对个人数据的垄断。国内国外的移动互联网巨头都搜集了大量个人数据，但这些数据并不能互联互通，只能帮助巨头牟利。个人数据交易所则可以推动个人数据的交易，允许初创企业使用大数据，发展新业务。

第三，数据交易所可以给数据定价。这也是很重要的一件事。"90后""00后"对数据的认知与前代人是不一样的，作为伴随着手机长大的一代人，他们的隐私观发生了很大的改变。他们很清楚自己完全没有可能超脱于这个个人信息随时随地被搜集的世界，无论是平台还是企业，都搜集了他们的海量信息。但是他们有着明确的意识：与其去吵吵嚷嚷那基本不可能实现的隐私保护，不如去争取自己的权益——他们的数据有价值，他们可以赚取这样的价值。因此，年轻一代有可能愿意用自己的个人行为数据去交换折扣或者补贴。

我的第五大预测是：2019年会出现一种收取佣金的人工智能小助理。

这样的小助理有什么特别之处？举个例子，假如我计划出国度假两个星期，我就跟我的小助理说：我准备带一大家子三代人出去休假，你帮我订一下行程。它知道我过去十几年各种休假的历史，知道我去过什么地方，知道我和家人度假的时候喜欢玩些什么。它把这些历史全部梳理之后，再加上它搜集到的跟我的用户画像类似的千万个人的休假历史，就会对我的喜好做出一个判断、一种预测。有了预测，它就可以跟许多在线旅游平台的数字机器人对接，看谁能够给出一个最贴近预测的方案，然后它就会去订那家的出行方案。预订成功，那家在线旅游平台会给小助理的公司一笔佣金。

举这个例子，要突出的是收佣金的人工智能小助理其实是人工智能创造的一种全新的商业模式，凸显了人工智能给整个商业带来的变化。

首先，人工智能让预测变得越来越准确，越来越便宜。比如我的人工智能小助理可以更准确地预测我的度假喜好。

其次，人工智能的广泛应用改变了商业的流程，我不再是去搜索旅游线路，而是依赖小助理给我推荐。这是一大进步。好的预测是好的推荐的基础，而推荐比搜索更有效率，因为个体的视野和经验都有局限，推荐却可以基于千百万人的选择，挖掘出你根本没有想到过却能打动你的内容。

此外，这种转变也在改变在线旅游公司的营销模式。之前，在线旅游公司每年会在搜索引擎上花大价钱，用于购买关键词，而推荐取代搜索之后，即是用精准营销模式取代了传统广告模式。只是有一点要注意——这个小助理不能姓 B、A 或者 T（百度、阿里、腾讯，三大国内互联网公司巨头），它必须是相对独立的，不属于任何体系或者平台，这样才能确保它的推荐是公平的。

科技对商业的影响，更深远的恰恰是商业模式的创新，所以我的**第六大预测**就是：2019 年会出现一个以订阅模式为基础的终身 MBA 学习服务。现有的 MBA 课程都有很好的校友网络，可以让毕业生与学校长期互动，但是我认为它还是无法应对未来终身学习的压力，因为每十年我们的知识和技能可能都要更新，每五六年我可能都要停一停，想一想我未来想要做什么、能做什么。

订阅模式的终身MBA学习服务带来的一大改变是它不再是"卖"给你一个学位；相反，它提供给你的是两样东西，首先是终身学习的保障，第二点更重要——为你量身定制不断适应环境变化的终身学习方案。

订阅经济很"古老"，报纸和杂志就是最早的订阅经济。进入数字经济时代，订阅经济将焕发出新的活力，因为人工智能和大数据让很多行业都可以把为订户的服务做得更好，企业可以对用户了解得更深入、更具体，也可以与用户有更多的交互。

数据经济的最大魅力，就在于利用大数据和人工智能挖掘出对付费用户的洞察，从而使各行各业敢于突破常规，围绕大数据和人工智能重新塑造商业逻辑。

新的订阅经济迫使企业商业模式的重心从售卖商品向提供服务与体验转变，超越简单的交易而与客户建立牢固的关系。其中最大的改变是从按产品收费转变成按结果收费——年付订费的MBA就是要为提供终身学习的知识结构更新与能力提升这一结果付费。

这样的订阅模式不只局限在教育领域，很多领域可能都会出现这样的新模式——为你提供的是基于订阅的，基于对你了解的，为你量身定制的服务；它强调的是体验，强调的是与客户的强关联，强调的是倾听客户的声音。

讲了科技和商业"十字路口"的三个预测，我的下一个预测要回到经济学的层面。我的**第七大预测**是：诺贝尔经济学奖 2019 年会颁给研究复杂学的专家。

过去这十年，大家都在反思一件事情：为什么很少有经济学家准确预测了 2008 年的金融危机。这其实是经济学研究所面临的巨大挑战：占主导地位的基于数学的经济模型无法推演出复杂的金融世界的运行规则，因为经济活动是"复杂"的，而传统经济学中对理性人的推断，完全没有办法涵盖复杂经济活动中千千万万的参与者各种各样不同的行为。复杂学和系统思维恰恰是针对数理经济学这一问题进行的整体思考，而这种整体思考对于制定出能够解决层出不穷新问题的公共政策至关重要。

研究复杂学的经济学家，要从生物学、生态圈的研究、进化论等其他研究领域汲取经验。

举一个例子。如果我们用复杂学的视角去分析金融市场的变化，我们不难发现，经济活动中有大量人的参与，他们的行动很多时候受到他们所在环境的影响，他们会基于对周围环境的观察，以及自己遵循的一套经验法则来做出决策。而且每个人的决策都会相互影响，反过来还会对环境产生影响，变化了的环境再反过来影响市场里的参与者。整个金融市场里存在着大量这样的观察、判断、决策、反馈的循环，每个参与者都会在这些不断循环的过程之中汲取经验，从而不断修正自己的经验法则。

从这一视角可以推导出两个结论：根据过去的金融市场经验，很难推导出未来的市场发展，因为市场环境发生了变化，而市场主体的经验也已经有了提升；在市场主体层面的"理性"选择——比如说在市场发生巨大波动时平仓——也可能在金融市场这一复杂系统的层面带来意想不到的结果——市场暴跌引发严重的金融危机。

再举一个例子，如果我们从进化论的视角来观察金融市场在一个更长时间跨度中的发展。进化论强调生物通过竞争、变异、繁殖和适应来"物竞天择，适者生存"，金融市场也类似。金融市场里充满了竞争，要想在竞争中胜出需要不断地创新，也就是变异；经过市场检验的创新会被大量复制或者快速壮大，也就是繁殖；而最终适应市场环境的投资者才能够胜出。

从进化论的视角去看金融市场中的非理性行为，就很容易发现，这些行为并不是不可理喻或者随机的，而是进化中总结出来的经验应用在一个全新的环境中一下子变得不合时宜了。

地球其实是一个复杂的机体。如果从我提出的第一个预测出发，看整个环保运动，看整个经济的发展，就会发现我们太容易忽略地球的资源是有限的，人类无节制的经济活动必然会遭遇地球资源瓶颈这一事实。而全新认知就应该把经济活动放在地球这一整个复杂的机体中去研究。地球是如此大而重要的一个复杂的系统，在这样的大的视野下，现在已经有越来越多的经济学家开始反思。

重新思考，把整个经济看作一个由不同个体组成的复杂系统来思考，将带来更大的价值。

我的**第八个预测**将回归到职场，关注个人的状态。我预测，2019年流行的不再是 FOMO（Fear of Missing Out），也就是担心没赶上潮流，而是会变成 JOMO（Joy of Missing Out），即慢下来，不在意有没有搭上"那班车"。

什么是 FOMO？就是流行的东西特别多，我每个都不想落下；因为我担心没有搭上"那班车"，我就会远远地被同伴落在身后。过去两年，FOMO 带来的最直观的结果莫过于比特币的暴涨。在 2017年比特币发展到顶峰的时候，美国有 9% 的年轻人都在"炒币"；他们中间并不是大多数人都崇尚去中心化的理念，而是大多数人都担心自己没有赶上比特币赚钱的这一波行情。

FOMO 代表了一种态度，大家都想着追最新的、最潮的，最好的投资、最好的玩意儿。但是恰如比特币，2018 年 FOMO 已经是"强弩之末"了。2019 年，年轻人的态度会有 180 度的大转向，很多人开始重新思考工作、生活到底要聚焦于什么。所以 JOMO 会成为 2019年的主流：我可以等一等，落下了这趟车，我可以坐下一趟车。

其实仔细想一想，生活、工作当中的很多事情，大多数都可以等。老板在微信群里 @ 你一下，你真的需要 5 分钟之内就回应吗？每天并没有那么多特别重要的事吧？明天回是不是也无妨？我们是不是应该把大块的时间用于仔细思考重要的事情？

根据微软的研究，我们每个人的注意力已经被分散到了极致，人们能够把注意力持续集中在一项任务上的时间短之又短。

美国创业企业 Reddit 的 CEO 给所有职场人两个建议。第一是专注于某一点，千万不要过于分散注意力。这一点很重要。让我们把打碎的时间重新整合起来，让我们真正聚焦于最重要的东西。而只有聚焦，我们才能把事情做好。只要把事情做好，工作和生活的节奏才会正常。第二条建议是给很多创业的人的，即职场中打拼的人——要注意健康，不应过劳。

JOMO 的流行也是互联网平台的选择。越来越多的社交媒体平台开始意识到，用户的注意力和眼球并不是无止境的，不断榨取一定会遭遇反弹。与其让用户反弹，不如自己设限。JOMO 意味着慢社交将更流行，互联网平台会限制自己的产品和服务，防止用户的信息过载。

最后两个预测将回归宏大的议题。

2019 年是五四运动 100 周年，是我们迎来"德先生"和"赛先生"100周年。我的**第九个预测**就是，我们会用更深入的改革、更全面的开放来迎接五四运动百年祭。

要深化改革扩大开放，我们还是要仔细想想：到底什么是"德先生"，什么是"赛先生"。

先从"赛先生"出发。

首先，科学是无国界的。清华大学在 STEM（即科学、技术、工程、数学）科学研究领域，特别是计算机与数学研究方面已经取得了巨大进步，它在这些领域内的论文发表量排名全世界第一。清华大学之所以能做到这一点，是因为有钱颖一这样的海归学者开始在清华大力推进国际上通用的研究方法。

其次，科学研究一定是相互协作的，很少有科学家自己关起门来就可以做出世界一流的科研。任何科研一定是相互协作、开放创新的，尤其是跨国界的协作，可能会带来更多的成果。

2018 年是改革开放 40 周年，改革开放的出发点就是确立了"实践是检验真理的唯一标准"，在此之上，应该再加上一句："我们在做任何决策的过程当中，一定要用科学的方法。"因为我们面临的问题越来越复杂、越来越多变，科学方法就是要在一个互联互通的世界里，让更多的来自不同领域不同专业的人，聚合起来发挥出集体的智慧，创造出新思想。科学决策的过程绝不是一两个人拍脑袋去做决定。

那什么是"德先生"？

首先要学会倾听，而且要倾听不同阶层的声音。

现在全球面临的最大挑战，是阶层的固化和贫富差距的不断拉大。阶层固化之后，每个人很难走出自己的舒适圈。当不同阶层的人都不愿意跳出自己的舒适圈时，就可能会出问题。

倾听是第一步。倾听不同阶层的声音，就是要让不同阶层的人都能够参与到对公共政策的讨论中去，至少在公共政策的决策当中有他们的声音，这是非常重要的。

所以我预测，2019 年会是改革开放全新出发的一年。改革就是拥抱市场经济，拥抱科学决策；而开放则是更好地拥抱全球化，推动全球化。

但是拥抱全球化还有一个前提——全球化的格局已经发生了本质的变化。所以我**最后的预测**是：2019 年，我们应该"握芯"尝胆。

"握芯"，顾名思义，就是紧紧抓住芯片这个核心。芯片代表的是未来的数字经济中——无论是大数据还是人工智能——最重要的核心基础设施。如果没有一流的芯片，我们就无法充分挖掘数字经济的活力。

抓住芯片需要我们加大在基础科研中的投入，在生产和制造的领域拥抱开放式创新，这是中国未来发展的一个抓手。

尝胆也很重要，它是一种态度。美国经济学家泰勒·科文写过一本书叫《自满阶层》（*The Complacent Class*），是对美国人停滞不前的反思。同样的警醒——对自大、自满、自以为是的警醒，对我们来说同样重要。取得了很大的成绩之后，任何人都容易自满，这个时候，重新去拥抱吃苦精神，重新拥抱低头做事的态度，是非常重要的。

从罗默获诺贝尔奖谈无形资产的重要性

2018 年的诺贝尔经济学奖授予了耶鲁大学的威廉·诺德豪斯和纽约大学的保罗·罗默两位教授，以奖励他们在推动可持续发展和创新领域的研究贡献。诺德豪斯教授为如何量化绿色经济学做出了杰出的贡献，罗默教授的内生增长理论则第一次把知识和创新列为推动经济发展的要素。

两位获奖的经济学家的研究都涉及"外部性"这样一个常见的经济学概念。经济发展过程中的环境污染与温室气体排放带来了负的外部性，由整个社会来承担，要想"青山绿水"，就必须建立一个机制来让全社会共同承担这种负面的外部性，碳排放税就是一种制度设计。知识和创意带来正的外部性。知识作为一种公共品，具有非竞争性和非排他性的特点，分享知识会让更多人获益。罗默教授提出，恰恰是知识和创意拥有外部性的特点，它和资本或者劳动这样的要素相比，才有着规模效益递增的效果。理解这一点，对于我们理解知识经济的发展至关重要。

知识与创意，引申来说，就是不同于机器、厂房这些有形资产的无形资产。罗默提出的四要素增长理论，在传统的两大生产要素——资本和劳动（体力劳动）之外，增加了人力资本（以教育年限来衡量）和新思想（以专利来衡量，强调创新）两大要素。而人力资本和新思想也都可以被认为是无形资产。

什么是无形资产？《没有资本的资本主义：无形经济的兴起》(*Capitalism without Capital: The Rise of the Intangible Economy*) 这本书中给出了定义。具体来说，无形资产的表现形式可能是专利、品牌、商业机密、专有技术，也可能是企业的特定组织形式和管理方式，比如星巴克的门店管理方式或沃尔玛整合物流的能力，也涵盖社会资本和制度设计，当然也包括对员工的培训。

发达市场正在经历从后工业时代向数字经济时代的转型，大数据和人工智能让无形资产变得愈发重要。软件、数据库、大数据和人工智能都是数字经济时代重要的无形资产。在 20 世纪 70 年代，全球 80% 的资产仍然是有形资产，而现在，80% 的资产已经变成了无形资产。这是全球经济经历的最大改变。

无形资产与固定资产有着本质上的不同，理解这些不同，才能够帮助我们更好地驱动未来的经济发展。

无形资产的四个特点

相对于有形资产，无形资产具有四个特点：可扩展性、沉没成本、溢出性和协同性。可扩展性是数字经济和 IT 巨头快速规模化发展背后最重要的推手，溢出性和协同性是罗默所认为的知识与创意之所以具有规模效益递增这一效果的原因，沉没成本则是在保护和鼓励无形资产投资时需要注意的问题。

先来谈可扩展性。无形资产的可扩展性建立在知识的非竞争、非排他的属性上。知识并不会只被一个人占有，知识也不会因为一个人使用之后另一个人就无法获益；知识天生就是可以被分享、被传播的。而在数字经济时代，任何以数字形态存在的知识，无论是软件还是视频，都可以被无限制地复制。

可扩展性的特点在数字经济时代催生出了网络效应，推动大的平台型高科技企业获得飞速的发展。网络效应可以理解为一种规模效益递增的表现形式，简单解释就是：一项产品和服务用的人越多，下一个使用者使用它就会变得更便捷，也可能更便宜（如果这项服务不是免费的话）。比如使用微信的人越多，下一个使用微信的人就会更方便，因为他能跟更多的人联系，而且微信生态圈里的产品创新也会更丰富。

溢出性意味着知识和创意很容易被效仿，即若你投资一个点子，别人抄袭起来很容易。竞争对手可以通过反向设计研究来了解一家公司的新技术，即使有知识产权保护，竞争对手仍然有可能钻孔子，变相抄袭。

恰恰由于无形资产具有溢出性，就更需要制度设计来保护。有形资产的产权保护已经有 4000 多年的历史，可以上溯到两河流域的《汉谟拉比法典》。相比之下，无形资产比如专利的保护历史只有 500 多年，没有强大的习惯法来支撑，而且成熟市场和新兴市场的差别也非常大。

协同性则是无形资产最具创造性的属性，因为知识和创意在碰撞和跨界的过程中最容易产生新的火花。举一个不大为人所知的案例。最早发明 CT（医用计算机断层扫描仪）的公司并不是什么大的制药公司，而是百代唱片公司（EMI）。在 20 世纪 60 年代唱片业最繁荣的时代，现金流充沛的百代公司开始多元化发展，生产商用电脑、彩色电视、摄像机、录音机等，它还为此创建了自己的研发团队，把拥有计算机、图像技术和电子工程背景的人才熔于一炉，CT 就是这个跨界团队很偶然的发明。

《理性乐观派》（*The Rational Optimist:How Prosperity Evolves*）的作者，科技记者马特·里德利（Matt Ridley）就有这么一句名言：创新与发明，产生于思想的杂交。言下之意，要鼓励创新与发明，就需要让背景和专业不同的人，来自五湖四海三教九流的人，聚集在一起，碰撞出思想的火花。百代的案例也凸显出如果能够把不同领域的创意和想法合并起来，效果和投资回报都会激增。

溢出性和协同性给无形资产的管理提出了一个需要不断权衡的问题。一方面，需要有足够强的制度设计来保护和鼓励无形资产的创造者。罗默提出，因为研发部门的知识具有外部性，很容易被仿效、抄袭，它的私人收益可能远远小于社会收益，因此需要版权和专利来激励和保护。但是另一方面，恰恰因为无形资产在协作过程中可能挖掘出巨大的潜力，对无形资产的保护不应过度，而且应该有足够好的"思想市场"鼓励无形资产的交换、协作与交易。

无形资产的最后一个特点是沉没成本。这是行为经济学里的一个重要概念。决策者常常被提醒，在决策的时候不要考虑沉没成本。为什么说无形资产是沉没成本呢？因为与有形资产相比，无形资产中有很大比例只对创造无形资产的企业有用，对其他企业没有太多用处，比如说一个企业的品牌，还有那些无法用专利保护的无形资产，比如组织结构、企业文化和管理经验。此外，相对于发达的有形资产市场，无形资产缺乏交易市场，也缺乏有效的定价机制，即使是专利也不那么容易定价。

无形资产的这一系列特性，让构建"思想市场"变得尤为重要，一方面要防止网络效应所造成的潜在的高科技企业的寡头支配地位，另一方面也需要有效挖掘知识和创意的协同效应。

如何构建"思想市场"？

相对于有形资产的市场，无形资产的市场要弱小得多。我把这种鼓励无形资产交换和交流的市场比喻为"思想市场"。它的作用有两方面：一方面鼓励开放式创新，让不同领域不同背景的思想和创意有相互碰撞和激发的机会；另一方面鼓励对无形资产产权的保护，通过市场交易的方式挖掘无形资产的价值，通过交易给予无形资产创造者足够的激励。

越来越多高科技企业已经意识到无形资产交流的重要性。知识碰撞产生的合力是开放与合作的最大动力，也能避免企业故步自封或者画地为牢。特斯拉开放无人驾驶平台与谷歌对安卓平台的开源就是很好的例子，两者都有意识地放弃了对特定知识产权的保护，换取开放式创新。

鉴于无形资产的溢出性，与其过度保护特定的无形资产，不如站在更大的生态圈里去收割创新的果实。谷歌和特斯拉都意识到，围绕特定开源技术构建一个拥有合力、生机勃勃的产业集群，比单纯收割特定技术的版税要划算得多，这也是对公司专注的领域的最好保护。能够持续推动开放式创新的企业一定是能够有计划地链接起公司外部的思想与创意并从中受益的企业。恰如太阳微系统公司的首席科学家比尔·乔伊（Bill Joy）所言："无论你是谁，大多数最聪明的人都为其他人工作。"

"思想市场"的另一层意义则是作为思想交易的市场。狭义上来说，类似的市场已经出现，比如版权交易市场、大数据交易市场。广义上来说，更多人开始从有形资产交易的市场中汲取构建"思想市场"的灵感。

罗默提出，既然经济分工的专业化带来了生产的大规模与高效率，全球化进程中的外包与贸易带来了低成本与高效率，那么思想领域分工的专业化也应该带来同样的规模递增效应。麻省理工学院斯隆商学院教授托马斯·马龙（Thomas Malone）更是提出了"超级专业化"（Hyperspecialization）的概念，他认为脑力劳动也可以像体力劳动那样细分。这种细分在共享经济中得到了充分的体现，共享经济的目标就是创造更多、更有效的机会，去利用每个人的富余时间。

马龙教授在他的书《超级大脑》（Superminds）里把超级专业化的概念又朝前推进了一步。他提出，既然供应链网络推动了全球化的外包和贸易大发展，为什么不能借用供应链的思路创建一个他称之为"竞赛网络"（contest web）的平台来促进知识产品的交易呢？

汽车行业是供应链网络的经典案例。每一家厂商虽然品牌不同、产品各异，但都离不开汽车领域内一级和二级供应商。供应商之间相互竞争，但不同的供应商会为同一家车厂服务，因此它们之间又会有合作的关系。车厂通过在供应链网络里采购以支付供应商的产品和服务。不同层级的供应商也有明确的细分，有的专注于解决特定的问题，比如电动车电池的研发与生产，有的则是整合者，比如电动车电池驱动系统的研发。

竞赛网络的思路也是如此，即希望构建一个知识产品的市场，既鼓励竞争，又促进合作，让很多人能够同时考虑各种不同创意的搭配组合。马龙教授把竞赛网络应用在他创建的气候合作实验室（Climate CoLab）里。实验室的不同参与者既可以选择解决特定的小问题，比如研究减少火力发电厂碳排放的技术，也可以选择成为整合方案的提供者，比如研究某个国家或者某个地区的火电厂碳排放交易平台。气候合作实验室会让不同的整合方案提供者相互竞争，但是这些方案提供者与专注于特定技术的团队又是合作的关系，会"采购"他们认为最好的技术。

竞赛网络与供应链网络作为同时鼓励竞争与合作的市场有相似性。在同一层面——比如技术层面或者整合方案层面——都会有不同的团队在竞争；但是在垂直领域——比如整合方案利用技术的领域——却会有大量的合作，而促进这种合作的方式是建立市场。实验室创建了一种名叫"太阳元"的数字货币，方便整合方案的团队采购特定的技术解决方案。

马龙教授设计的竞赛网络的核心就是用市场的方式鼓励创建出可以在多种不同场景下重复使用的创意模块。罗默教授也曾经特别强调，恰恰因为市场有价格发现机制，思想的市场才能够蓬勃发展。

当然，"思想市场"要挖掘合力，也必须遵守约定的标准和规范，其中既有技术规范，也有专业规范，还需要有一定的社会共识，比如软件要能匹配——共同的标准，又比如个人隐私与公司使用个人数据之间需要有所平衡。而且，由于科技带来的变化影响巨大，所以需要有持续深入的公共讨论，比如对隐私问题和个人数据使用问题就需要不断地讨论。

和实体经济发展需要好的基础设施一样，支撑"思想市场"发展的标准、规范和社会共识也是支持无形资产成长的基础设施。无形的基础设施与道路、电网、下水道这样的有形基础设施有很多类似性，它们都创建不易，持久耐用，而且有着公共和社会属性，支持经济更有效率地发展。

无形基础设施中最重要的一类是制度与管理。前者包括法律法规，保证市场公平效率的游戏规则，让经济平稳运行的流程、共识和各种社会组织机构。后者的涵盖面也很广，包括积累下来的知识、管理的思维与经验、对推动经济发展的认知等。

历史的经验表明，关键科技带来的变革需要时间去消化、推广，改变社会习惯、管理方式、认知都需要时间。向以无形资产为主的经济转型更需要强化制度的建设和管理的创新。

无形资产的溢出性让聚合特定产业和多元人才的大都市变得日益重要，因为它们是收集企业溢出效应最好的地方。大都市的创业者可以抓住无形资产有溢出性的特点，搭便车或者套利，找到新点子碰撞的机会。当年，如果乔布斯没有机会去施乐（Xerox）在硅谷的研究中心（PARC）参访，看到友好的用户图形界面，就不会想到为麦金塔电脑（Mac）配上图形界面和鼠标。当乔布斯看到微软的 Windows 系统之后，指责盖茨从苹果剽窃创意，盖茨一脸冷漠地回答说："应该说我们都有一名叫施乐的有钱邻居，我闯进他家里偷电视，却发现原来早就被你偷走了。"

无形资产成为主导也让吸引和保留人才成为重中之重，这也对大都市的城市规划提出了新思路。

新的都市规划一方面需要强调宜居，让人才能够在创建特定产业集群的大都市圈找到负担得起的住所和办公场所。而宜居也正在成为全球大都市创业者面临的最大挑战。硅谷的一名投资人有一句话道出了宜居与创业的关系，他说："现在估计没办法在车库里创建公司了，因为车库都值几百万美元了。"随着房地产泡沫越吹越大，创新和创业必然受损。

人才是"思想市场"最重要的参与者，新的都市规划另一方面则要符合新的工作方式，鼓励构建更多思想碰撞的场所，比如书店、咖啡馆、共享办公室，让不同背景的人能够聚在一起共享信息、相互切磋。

美国医疗改革的"知行合一"

2009 年，葛文德（Atul Gawande）在《纽约客》（*The New Yorker*）上发表了长文《成本谜团》（*The Cost Conundrum*），分析了美国得克萨斯州一个小镇的医疗数据，提出了一个宏大的问题：为什么美国的医疗支出占 GDP 的比例在发达国家中高居前列，但是人均寿命和健康状况的排名却垫底？换句话说，是什么导致了美国医疗行业的"价高质次"问题？

葛文德的这篇文章引起了巴菲特的"左右手"芒格（Charlie Munger）的注意。当年他读完葛文德的文章，立刻寄给《纽约客》一张两万美元的支票，并附上一张便签："文章对社会太有价值，请葛文德教授收下这份小礼物。"这恐怕是前移动互联网时代最大的点赞红包了。《纽约客》把芒格的支票退了回去，芒格又加了一张两万美元的支票再寄回来。这次，葛文德收下了，把钱捐给了他在波士顿任外科医生的医院。

葛文德自 20 世纪 90 年代开始给《纽约客》写专栏，从分享自己的从医经历开始，对医疗行业进行深入观察，逐渐成为美国医疗业的"良心"和倡议医疗改革的先锋。他的两本书《清单革命》（*The Checklist Manifesto*）和《最好的告别》（*Being Mortal*）都有了中文版，可以说是对医疗改革两个症结点的深挖。《清单革命》找到了医疗体系中问题的"二八分布"，提出了非常有建设性的建议；而《最好的告别》则是给日益老龄化的福利国家指出了另一种可能。

如果你读过《清单革命》和《最好的告别》，你会对葛文德对医疗行业所面临问题的探索和解决思路有所了解。他一直在探索如何利用流程、如何找到医疗体系中的"二八分布"，从而提升效率、降低费用。

美国医疗界的"清单革命"

《清单革命》聚焦葛文德最熟悉的医疗领域——外科手术。葛文德本人在波士顿的一家医院做外科医生，同时也是哈佛医学院的教授。手术是一项以主刀医生为中心的活动，需要实习医生、麻醉师和护士的协作。葛文德的数据分析发现，外科手术中感染造成的意外最多，给病人带来的损害也最大，当然这也造成了医疗体系中的很大浪费。如果有什么办法减少手术中的感染，就能大量减少意外，也能够大幅削减医疗开支。

葛文德的建议很简单：医院应该向航空业学习，在手术室里引入航空业使用了多年的"清单体系"。

在飞行变得更自动化之前，飞行驾驶舱里至少有三四名成员：机长、副机长、机械师和通讯员。机长常常是说一不二的人物，有点像手术台上的主刀医生。飞行过程中很可能出现这样那样的问题，需要机组人员对各种问题迅速做出判断，如果反应失当，结果将非常严重。出现复杂的紧急情况时需要机组的每个成员都参与应对，但是因为机长有权威，如果机长判断失误，而其他机组成员没能够即时指出，很可能错失应对时机。正是因为这两种情况的存在——缺乏统一应对问题的流程，机长又过度专权——在几十年前，飞机失事的概率比现在要高得多。

航空业的对策是引入清单。从起飞前的准备到各种紧急状况的应对，飞机制造商和航空公司都编写了详细的清单。清单不仅仅为正常飞行和紧急情况处理引入了明确的流程，也重新建构了驾驶舱里的权力场。清单处理的正确做法是正副机长中一人念清单，一人按照清单检查仪器，如果机长出错，副机长可以随时纠正。虽然机长仍然是整架飞机的总负责人，但"清单革命"强调了"流程准确"和"事实第一"，也给了机组中资历较浅的成员"挑战权威"的机会，逐渐改变驾驶舱文化，鼓励机组中每个成员看到问题都敢于发声。"清单革命"带来的成效显著，机组操作失误造成的空难数量大幅下降，航空业的安全水平稳步提升。

美国很多医院的手术室和"清单革命"前的驾驶舱类似：主刀医生有绝对权威，说一不二。实习医生和麻醉师都是助手，护士更像是跟班，根本没有说话的份。手术之所以感染率高，一个很大的原因是主刀医生消毒不到位。谁来检查主刀医生？葛文德认为，这应该是"清单革命"的突破点。让主刀医生按照清单完成消毒，让护士有权力按照清单检查主刀医生是否完成消毒流程。不要小看这一项小小的改变，它带来了巨大的成效：不仅手术感染率大幅下降，护士也第一次在手术室里有了发言权。消毒流程清单的实施带来最大的改变其实是手术室里的权力场。当作为参与者的护士看到问题的时候，她们敢于向主刀医生提出。一旦经验的权威让位于事实的权威，手术室里的错误率就会随之下降。

葛文德对贯彻流程与改变团队协作权力场的思考，不仅应用于手术台，也被世界卫生组织采纳，在全球推广。

临终安养院的出现

《最好的告别》（我个人更倾向于翻译成《终有一死》）则是葛文德对老龄化的思考。和《清单革命》一样，这本书直指医疗体系中一个成本很高却引发很多争议的领域——对罹患绝症老人的临终关怀。

葛文德算了一笔经济账：绝症患者延续生命的治疗开支占总医疗开支的比例不小，以美国为例，25% 的医疗费用用在 5% 的病人身上，而且都是在他们临终的最后一年。科技的发展让推迟死亡变得容易得多，但是成本高昂：化疗一个月 12000 美元，重症监护室（ICU）一天 4000 美元，一台手术一小时 7000 美元……

相比尽可能延续生命的诊疗，美国和其他发达国家一样，其实已经有了其他的选择，也就是临终安养院（Hospice）。临终安养院有着完全不同的目标，关注的是临终病人的生活质量，而不是不惜一切代价延长他的生命。已经有一些试验证明，临终安养院既能节约成本，又可能比不顾一切的治疗更能延长患者的生命。一项试验发现，相对于其他临终病人，选择临终安养服务的人去急诊室的次数减少了一半，待在 ICU 的时间减少了三分之二，总医疗成本下降了四分之一。而美国马萨诸塞州一家医院 2010 年一项针对 151 名晚期肺癌患者的跟踪调研发现，那些接受治标治疗的患者较早就停止了化疗，也较早开始享受临终安养服务，他们在人生最后一段时间里的病痛要少一些，而且存活时间相比坚持治疗的人还要长 25%。

葛文德对此有一段参禅悟道的体会："只有当你不再努力活得更长的时候，你才能活得更久。"对此，他其实是有个人经验的。葛文德的父亲是第一代印度移民，是一位老医生，也是一位罹患肺癌的患者，葛文德应该谋求持续诊疗还是放弃治疗安排好父亲最后的时光？两种选择让他深刻意识到应该对"老与死"重新反思。

老与死是个终极话题。如何养老，如何面对死亡，当代人的认知却有各种误区。依赖医疗手段维持生命，其实只是最近 50 年才发生的事情。在此前，死亡有其自己的一套轨仪。

如果面临老与死，仅仅是为了延长生命而在所不惜，却忘却了人之所以为人的存在感，这值得吗？时间是相对的，有质量的生活应该是更需要去追求的。在面临老与死的命题的时候，我们或许被求生的欲望所蒙蔽，或者为身边人的爱护而迷茫，或者因为科技的进步而盲目乐观，而忽视了人存在的最大意义：有亲情，有友情，有家园，有梦想。老时，不应该从熟悉的家园中拔根而出，置身于仿佛囹圄一样的老人院终老；濒死，也不应该被投放进消毒水味弥漫的病房中，生命交由仪器和药物操控，有所延长却失去了光泽。

关于老与死，类似的领悟还有不少。

KPMG（毕马威会计师事务所）的前任CEO尤金·奥凯利（Eugene O'Kelly）在遗著《追逐日光》（*Chasing Daylight*）中这样开头："我很幸运。医生告诉我，我只剩下三个月的时间了。"这是令人难以置信的文字。但是如果你仔细读，就会发现奥凯利意识到了，当每一天都要像一周那样去过，去珍惜，去和每个人道别的时候，生命的意义突然不同了。"如果我告诉你，努力创造出30个完美的日子，你能吗？"他在书的最后向每个人提出了挑战。

另一位印度裔医生保罗·卡拉尼什（Paul Kalanithi）在遗著《当呼吸化为空气》（*When Breath Becomes Air*）中也给出了对绝症和生死的新的理解，不同于我们所常见的"战胜病魔"、"与绝症你死我活地竞争"，卡拉尼什提出要对时间维度重新理解，进而对未来、喜乐重新追求。找出"活在当下"的意义，需要对医疗有全新的认知，让罹患绝症的人过有质量的生活，选择有尊严的死亡。

类似的生死观在芭芭拉·艾伦瑞奇（Barbara Ehrenreich）的新书《自然死亡》（*Natural Causes*）中表达得更为清晰。这位 78 岁的美国作家从几年前起就决定放弃癌症筛查和体检，因为她意识到余生太可贵，不应该浪费在诊疗室的等待里。

英国的国家医疗服务体系（NHS，National Health Service）应该是西方国家全民健保做得比较好的体系了，但其效率也在下滑，至少有 25% 的病人等待专家诊疗需要 18 个星期或者更长的时间；而且随着科技的发展，英国用在处方药上的支出在过去 5 年上涨了 70%，英国医疗支出预算每年的增幅才不到 2%，如何控制高企的医疗成本成了大问题。

医疗界变革的尝试

其实几年前葛文德就在思考如何针对美国医疗体系价高质次的状况提出改革措施。他提出，大企业利用给员工提供医保的机会另起炉灶是一个方向。比如美国最大的零售商沃尔玛就针对脊柱神经、心脏和器官移植这三大手术，与全国几家大医院签约。沃尔玛这么做的动机很简单，一方面希望为员工提供更好的治疗，另一方面想省钱。这三种手术是最贵的手术，动辄几万到几十万美元，而且很容易发生感染，一旦发生感染，诊疗的费用更高。与沃尔玛签约的这几家医院手术感染率低，证明手术流程有保证，他们也乐意与沃尔玛签署价格固定的治疗合同。

从按服务项目收费转向按结果收费，是沃尔玛的一项重要尝试。之前医生和医院的收入都是"计件"的，按照服务、诊疗和手术收费。这种模式是美国医疗费用居高不下的主要原因。因为在这一模式下，医院和医生按每一项检查或治疗项目向保险公司列支费用，而不考虑诊疗的结果，医生因此有动力向患者开出不必要且昂贵的诊疗项目。而另一边，一些必要的检查却可能因为收费便宜而被医生和医院忽略。

其实，美国前总统奥巴马早在 2010 年开启的全民健保医改中，就提出了一项重要措施，逐步取消医院按服务项目收费的模式。比如规定每一例成功的髋关节置换手术的费用。这一措施是希望在医疗体系中引入更多竞争，鼓励医院和病人积极探索更好、更便宜的诊疗方式，这样有竞争力的医院可以获得更多病人，从而增加收入，而病人也因为获得更好的诊疗而不用担心不必要的开支，从而使整体医疗成本降低。

可惜特朗普上台之后，基本上推翻了奥巴马的医改政策，美国医疗体系改革又回到了原点。

直到巴菲特、贝索斯和摩根大通的 CEO 杰米·戴蒙（Jamie Dimon）2019 年 1 月底发表联合声明，宣布在美国成立一家独立的合资医疗公司，很多人又看到了医改的希望。合资公司主要是为亚马逊、伯克希尔·哈撒韦和摩根大通三家公司加起来大约 100 万名员工提供新的医疗保健解决方案，降低医疗成本。这一消息一经宣布，美国保险公司和连锁医疗商的股价应声下跌。

回溯一下历史，美国之所以会发展出如此臃肿高成本的医疗体系，是因为二战期间罗斯福总统为了在限薪的同时又能让一些公司吸引到更优秀的人才，允许公司在医保上下功夫，用提供更好的医保来吸引人才。这一政策的结果却把医保变成了主要由企业承担的相对碎片化的产品，让美国变成发达国家中唯一一个没有全民医保的国家。奥巴马医改是最贴近全民医保的改革尝试，却基本上被特朗普推翻了。

解铃还须系铃人。无法从国家层面去改革医疗体系，那么就由巨头们抱团努力，提出另类的可行方案。

这一方案的关键在于选择谁来做三巨头合资医疗机构的掌门人。最近有消息确认，集医生、教授、作家等身份于一身的葛文德被任命为这家还没有正式名称的医疗机构的 CEO。他将于 2019 年 7 月履新。非典型的领导者来领导一个另类的医疗机构，没有比这更抓人眼球的新闻了。

人工智能在医疗产业中的运用

葛文德在授受任命之后表示："美国医疗体系出了毛病，应该有更好的选择。"因为有亚马逊这家用科技颠覆传统的公司参与其中，很多人都期待葛文德能利用新技术来颠覆医疗这一传统过时的体系。仅以美国为例，可能被颠覆的就是一个价值 3 万亿美元的医疗产业。

葛文德能推动什么样的创新尝试呢？

有评论者认为，选择葛文德作为领导者，预示着三家巨头合资的医疗机构可能会更注重利用新技术和大数据来创新医疗模式，而不只是专注于创建直接挑战现有医疗体系和保险体系的另类医疗平台。也有评论者认为，虽然葛文德的短板是缺乏领导大机构的经验，但是他对医疗产业的未来有着明确的愿景和强烈的改革使命感，应该能够推动改革创新。

当然，在大数据和人工智能狂歌猛进的时代，的确是另起炉灶，推动医疗行业做出改变的最佳时机。既然人工智能已经在改变世界，它能驱动自动驾驶，能有效防止信用卡欺诈，能驱动网飞（Netflix）这样的公司实现电影的个性化推荐，为什么医疗不能大规模利用人工智能来让诊疗变得更定制化、更便宜也更便利呢？

问题在技术和文化的十字路口。要改变医疗，并不是仅仅依靠新科技就能完成的，还需要改变医院和医生的价值体系、激励方式和习惯，每一项都不容易。

比如"清单革命"在医疗体系中被广泛推广的确起到了一定的作用，但是在人工智能时代，清单有它的不足之处。因为清单代表了一种临界点思维，是对病人病情静态的考察和预测。如果只注重清单，没有办法鼓励医生对每个病人的病史做一番梳理，动态地去掌握病情的发展，这就很难提升医疗的质量，真正实现个性化医疗。

利用大数据和人工智能来帮助治疗，首先需要掌握病人各种病症的发展情况，再与人群特征大数据做比对，才能做出更好的诊断。而要鼓励医生动态地去考虑病人的病情，就得改变医生的工作流，改变医生整体总是在赶时间，看诊时间短、压力大、强度高的状况。这才是难点。

此外，医疗行业在大数据应用上还存在整体行业缺陷。大量的医疗数据用于人群的疾病研究，却很少有单个病人患病概率这种基础的数理统计。医生经常犯"忽略基础概率"的毛病。例如，一位40岁的女性去做乳腺X光检查，结果呈阳性，如果机器检查的正确率为80%，那么她罹患乳腺癌的概率到底是多少？很多医生会说80%。事实却需要考虑很多其他因素，比如40岁女性人群中乳腺癌患病率只有1%，检测的假阳性概率为10%。综合这两点之后，医生的正确诊断应该是这位女性的患病率要小得多，约为7.8%。因此审慎的做法是做进一步检查，而不是马上建议手术或者化疗。

大数据的应用也面临着挑战。一些最基本的议题，比如说医疗数据的采集、共享、分析和使用，并没有一个统一的大家都接受的新的范式。即使像NHS这样的国有医疗体系，也存在医院和医院之间数据不兼容的问题，让共享数据分析变得很难。

对医疗数据的搜集和分析，很多医院还停留在南丁格尔所创立的数据科学标准水平上。而这种数据管理范式和现代医院的设计——考虑到充分的通风和照明，分病区分布防止传染——都是南丁格尔在1856年克里米亚战争之后提出的。

应用了160多年的操作系统，无论是硬件还是软件，都到了迭代的时候了。如何让医院与数据工程师更好地合作？如何根据大数据和人工智能的要求重新设计医院和诊疗流程？这些都是新技术在医疗行业推广应用所面临的挑战。

如果说10年前芒格的4万美元支票是对葛文德帮助医疗行业"改变认知"的赞赏，那么10年后巴菲特和贝索斯把改革医疗机构交给他来领导，则是对他"实践创新"的期许。从观察者、分析者，到领导者、践行者，葛文德的这次跨越，可能在医疗改革领域开创出一片新天地，也是他推动医疗改革"知行合一"最好的机会。不过，代价也不小。而作为读者，要忍受未来几年暂别他的漂亮文章了。

生物学给经济学带来的活力

学术界有这样一句话："要推翻一个旧理论，需要提出一个新理论。"《理论的终结》（*The End of Theory*）的作者理查德·布克斯塔伯（Richard Bookstaber）干脆推倒炉灶，他并不认为会有更好的理论来解读经济现象，预测金融市场。相反，他的这本书另辟蹊径，希望能够再现复杂经济系统的运行方式，从重构现实的角度让我们更深入地理解复杂系统的动能。

布克斯塔伯的这一尝试，可以说是汇聚了三方面的思考。其一是2008 年全球金融危机之后对经典经济学的思考。每个人都希望解答的问题是：为什么很少有主流经济学家能够预测金融危机的发生？其二是学科之间跨界带来的全新思考。一些经济学家开始向生物学求教分析复杂系统的新方法。其三是实务派加入了对经济学理论的思考。布克斯塔伯本人就是一个金融实务派，曾经在顶尖投行和对冲基金从事过风险管理，又加入过美国证监会，专门研究应该怎样加强对资本市场的监管。

经典经济学学习的榜样是物理和数学，希望能总结出定律，设计出一套规则，用来解释复杂的经济现象。经济学强调的是平衡状态，强调的是优化，引入数学模型以求得最优解。经济学把市场中的个体都想象成按照最优原则理性行事的理性人。

2008 年的金融危机暴露出了经典经济学的软肋。主流的经济学家在金融危机面前失语，摆在研究者面前的问题是：有没有其他的理论或者模型能够有效预测金融危机的发生？

生物学提供了一个全新视角。布克斯塔伯和许多其他研究者一样，认为经济学家应该在生物学和进化论中寻求理论新突破。

生物的进化是一个竞争、变异、繁殖、适应的过程，与物理或者数学最大的不同是生物的进化并不遵循严格的定律或者法则，但是进化的动态过程却能够保证生物的多样性和结构的精巧。

生物学的视角会挑战许多传统经济学的认知，求最优解就是一个例子。这是物理学和数学被引入经济学之后带来的思维方式——在给定了一定的外部条件之后，你可以计算出最优的选择。比如给定了供给和需求，你就能算出使供需平衡的价格。

生物学的视角与物理学和数学的最大不同，就是动态适应和静态求解的不同。物理学和数学之所以总是可以求得最优解，是因为它们建构在一系列放之四海皆准的准则之上，给出条件，就能求得最优解。生物学的不同之处是它永远处于动态之中。生物与环境一直在互动中，找到最优解不是生物的目标，存活是它们的首要目标。进化论中强调的是"适者生存"，并不是"最优者生存"，因为过去环境中的"最优解"一旦遇到新的情况，同样可能不适应，同样可能被淘汰。生物必须在适应当前环境和应对未来变化这两个选择中做出某种妥协，当环境变化剧烈的时候，有着更高灵活度的生物反而能存活下来。恐龙之所以灭绝，就是这个道理。

所以进化论是一种观察和理解复杂系统的切入点。进化论强调了个体的行为和环境的变化。生物通过变异去适应环境，在这么做的过程中也会对环境产生影响。当人类出现之后，他们对环境的适应与改变更快、更深远。生物进化的"竞争、变异、繁殖、适应"的过程，在人类社会中变成了一方面人类对环境"观察、判断、决策、反馈"的循环，另一方面人类施加于环境的"创新、试错、复制、反馈"的循环。

经济与金融市场和生态圈很相似。在微观层面，每个市场的参与者都会在两个循环过程中汲取经验，不断修正自己的经验法则，改变行为；而他们的行为又会对外部环境造成影响。

经济与金融市场和生态圈在宏观层面也有惊人的相似之处。生态圈催生出许多复杂的系统。比如人脑中有 800 多亿个神经元，每个神经元细胞都很简单，只是跟它周边的神经元发生关联，但是亿万个神经元相互作用，它们所形成的整体却能够催生认知，构建思想，这是研究者对每一个神经元再怎样仔细观察也无法达到的。

这种无法从个体行为推导出整体结果的情况，在自然界和人群中都很常见。无数工蚁的简单行为，让蚁群好似一个鲜活复杂的生命体；无数小鱼的简单游动，让整个鱼群变得好似整齐划一的复杂整体；百万的朝觐人群，突然不知道为什么会发生严重的踩踏事件。金融市场何尝不是如此？每个市场参与者出于牟利的选择，在特定时期却会演化成市场上巨大的动荡。布克斯塔伯在书中用"涌现现象"这个词来描述通过市场中的个体行为无法预判市场整体表现的状况。

生态圈的视角，给了我们观察与分析经济现象与金融市场的一个全新框架。

布克斯塔伯在书中根据这个框架提出了基于代理的分析模型（ABM），希望应用于对复杂系统的理解与实践。在这个模型中，参与者——也就是代理——与市场环境不断互动，不同的参与者遵循自身的经验法则，在互动过程中强化或者修正自己的经验法则。整个模型很像军队参谋部进行的军棋推演，不同的是，每一步的推演并不需要依赖于掷骰子。

ABM更贴近经济现象。原因有两点。

首先，在经济学研究中，很难去做严格意义上的科学实验，比如说随机将市场参与者分成两组，然后给予不同的市场条件，研究他们的市场行为会有什么差别，并探究背后的原因。人生并没有重新来过的机会，就好像古代哲人所说："你不可能两次跨入同一条河流。"

其次，ABM并不预设任何假设，比如理性人的假设。这一模型希望能够捕捉到更为真实的互动：市场参与者不同的行为决策对市场环境会产生什么影响，而市场环境的变化又会对市场参与者的认知带来什么样的改变，市场参与者在这样的互动中能够汲取什么样的经验，而这种经验又会让他们如何修正自己的经验法则，继而运用在未来的市场博弈过程中。

这种分析框架很像天气预报。不同的是，天气预报如果预测到恶劣天气，会给你足够的时间去躲避灾难，却不可能消灭灾难。布克斯塔伯提出ABM，不仅希望能对未来的经济与金融市场做出预测，而且希望通过剖析市场参与者各种不同行为选择背后的原因，以及他们与市场互动产生的短期效应，来改变市场的走势，甚至化解大的危机。

不过，现在判断布克斯塔伯的这种"上帝视角"能否很好地预测未来、化解风险，还为时过早。

在对过去很多金融危机的分析中，流动性的突然缺失常常是造成危机的主要原因，如果能在适当时机注入流动性，市场就可能避免崩溃的风险。布克斯塔伯提出的解决方案很简单——求助于大资金。他认为，只要通过ABM推演得出市场的波动是因为流动性的抽紧，就能够说服像主权基金这样拥有庞大资金的机构在适当时机入市接盘；因为一旦他们提供了足够的流动性，市场反弹带来的收益会有足够大的吸引力。

不过，寄希望于主权基金扮演未来金融危机的白衣骑士，仍然有点过于理想化了。一方面，在一个投资关联度越来越高的市场里，这些资金是否能超然地选择入市的时机，本身就是一个问号，我们有什么理由确信它们在危急关头并没有被感染？另一方面，如果它们拥有"上帝视角"的话，它们选择的"最佳的入场时机"也许并不是市场所期望的那个时点。

无论如何，布克斯塔伯开创了一个分析经济现象与金融市场的全新视角，同时也试图去打造一个贴近实操层面的推演工具。这两点都非常值得研究者和实务派关注。

致敬跨界者

1982 年的某一天，刚上社区大学的泰德·萨兰多斯（Ted Sarandos）发现家附近——美国亚利桑那州的一个小镇上开了一家音像出租店，萨兰多斯很感兴趣，就走进去和老板唠嗑，一聊就是两个多小时。他小时候跟着爱看电视电影的奶奶长大，对电影和剧集了如指掌，简直算得上那个年代的人形 IMDb（Internet Movie Database，互联网电影资料库），末了老板给了他一份看店的工作。

几个月之后，小镇上出现了一道新的风景线——音像店外面排起长龙，顾客们愿意排上二三十分钟，就为了和萨兰多斯聊一聊，听听他的推荐。他对音像店里的录像带狠下了一番功夫，几乎把所有片子都看了一遍，对剧情、演员阵容、风格都做了梳理和分类。当顾客借了一部《星球大战》后，他会推荐类似风格的科幻片。小镇的客户显然都爱上了这种"人肉推荐"。

萨兰多斯之后的经历和许多创业者一样，从社区大学辍学，成为音像店店长，后来被挖去做一家音像分销商的高管，2000 年加盟网飞（Netflix）作为内容采购官，最后成为这家全球最大视频流媒体平台的首席内容官。他对自己成长经历的总结也很到位——辍学打理小音像店的经验，就像上了电影学院＋商学院。

萨兰多斯远不如比尔·盖茨或者乔布斯有名，却是美国二十世纪七八十年代那波创新创业潮流的草根代表。在他身上，我们能看到"一万小时定律"的机缘巧合——从小看电视和电影长大；悟性与勤奋的结合——他很早就悟出了好的推荐需要在熟悉和新颖之间找到平衡点，前提是对电视电影的相关性做细致的梳理。

萨兰多斯的经历背后更多的是大时代对新奇产品的拥抱、创新创业潮的深入骨髓和消费主义浪潮的兴起。录像机（VCR）发明才刚刚一两年，美国并不发达的西南角的小镇就能开出音像店；而音像店老板之所以选择创业，是因为他看到了杂志上 VCR 的广告，意识到音像出租可能会是笔大生意，立马抵押房子贷款开店赌一把。萨兰多斯并不宽裕的父母宁愿做"月光族"也要花钱尝鲜，在 VCR 一面世就买了一台，显示消费主义浪潮已经下沉到了工薪阶层。

二十世纪七八十年代是美国战后第一波创新创业潮涌动的时期。就在萨兰多斯迈进音像店的一年以前，耐克和苹果前后脚上市，成为美国新兴全球品牌和跨国公司的代表。这波大潮是不是放任资本主义的胜利，或者抓住机遇的商场弄潮儿的胜利？不完全是。如果仔细挖掘，创新与创业总是政府与市场在携手推进，幕后的推动者不仅有努力的创业者和前瞻的政客，还有很多穿针引线为创新创业网络编织基础的跨界者。

那些名不副实的部门

美国政府在幕后为创新提供了巨量的基础科学研究作为支持，为创业则提供了巨大的资金支持。无论是农业部还是能源部，给国家的最大贡献是基础设施和基础科研。这种对创新创业的推动，让美国联邦政府许多部门"名不副实"。

美国的能源部就是一个非常好的例子。能源部虽然在七十年代末海湾石油危机时才成立，但是真正跟能源打交道的业务不到四分之一。这个部门一半的经费用于确保美国核武器的安全，四分之一的经费用于处理核废料，确保全球核安全，称其为"核工业部"更贴切。把管理核武器与处理核废料都归入能源部的逻辑是：核电是最大的能源之一，把核武器与核废料两者放在一起，是为了确保制造者也管理好他们留下来的烂摊子。值得注意的是，能源部剩下四分之一的经费全部用于与能源相关的研发和鼓励清洁能源的使用，恰是这四分之一的经费为未来能源领域的重大研究奠定了基础。有人以为美国页岩油气开采是西部创新的产物，其实开采技术是20多年前由能源部主导开发的。

美国的农业部本质上是一个巨大的实验室。美国凡是名字中有"科技"二字的大学，比如弗吉尼亚科技大学，或者老布什图书馆所在的德州 A&M 大学，都是美国农业部 1862 年成立之后孵化的产物。当年美国总统林肯在内战时觉得需要引入农业科技，让农场能够养活更多人；农业部最初成立的目的就是建设一个巨大的农业科技实验室。抗生素最早就是在农业部的实验室里研发成功的。1872 年美国一个农民可以养活 4 个人，现在一个农民可以养活 155 个人。

美国的商务部则基本上不参与任何直接与商业打交道的业务，主业是主持美国的人口普查、搜集经济信息、管理专利，称其为"信息部"或者"数据部"更贴切。

除了直接投资基础科研，为创新创业企业提供融资是美国各个部门的"重头戏"。能源部有鼓励产业发展的资金，总共有 700 亿美元的额度。能源部为研发清洁能源的企业提供有补贴的融资，特斯拉在内华达州建设纯电轿车工厂的融资，很大一部分来自这一基金。农业部除了主持庞大的科研项目，还有一家拥有 2200 亿美元资产的银行，贷款额度比能源部更高。而农业部的内部银行给中小企业（农场和农村的创业者）提供贷款通常是通过当地的银行，因此很多人都不知道自己创业的资金来自农业部。

美国的部门构建了科研的基础设施，也有巨大的财力去推动创业，那么，是不是这只"看得见的手"就非常好地推动了产业政策的发展，成了推动美国七八十年代创业潮的主力了呢？

是，也不是。因为要让官僚系统推动商业发展，需要智慧、耐心和执着。

美国第一位在太空行走的女宇航员凯瑟琳·沙利文（Kathryn D. Sullivan）就形象地比喻说："官僚打交道的方式，首先要想象自己是格列佛，在小人国被绑倒，连动一动大脚趾都需要获得批准，这个时候你还有没有勇气推动改革？如果你能想象出这一场景，然后仍然能想象自己把事做成，你就真能把事做成。"沙利文离开国家航空航天局（NASA）后加入了商务部下属的国家海洋和大气管理局（NOAA）。这个主要预测天气的政府机构的预算占商务部的一半以上。

换句话说，利用官僚机构提供基础设施需要跨界者的推动。

高级研究计划局中的异类

在美国一堆名不副实的部门之中，国防部下属高级研究计划局（DARPA）最出名。几乎所有能被记住的重要创新，从互联网到微波炉，最初都源自 DARPA 的赞助。

DARPA 的成功并不是因为雄厚的预算。每年 DARPA 用于资助各种领域研发的预算只有 30 亿美元，而美国每年国防采购预算高达 6000 亿美元，采购的原则就是要保持美军的技术优势。

DARPA 借助国防采购加杠杆，体现了军工业对创新的推动。例如美国 20 世纪 50 年代的军事采购奠定了半导体行业的飞速发展，也让硅谷从旧金山南边的果树山林变成了今天的全球创新基地（硅谷的名字到 70 年代才被媒体广为报道）。

DARPA 之所以能扮演创新科技的摇篮，一部分是因为它能够培养出一些抵抗官僚主义的跨界者。1966 年起任职于 DARPA 信息处理办公室的鲍勃·泰勒（Bob Taylor）就是一个重要的跨界角色。

泰勒很早就从大型计算机的分时使用看到了计算机联网的潜在效果，他当时已经意识到，计算机联网不仅是人与计算机的链接，而且是人与人的链接，可以创造"超级大脑"。作为一个早期互联网的推动者，泰勒几乎把 DARPA 分配给他的 1500 万美元预算全部投入到计算机技术的开发上。

跨界者的特征在泰勒身上很明显。一方面，专业背景让他能很好地与科学家沟通，却又能超脱于某个领域科学家的视野局限，看到整个产业的潜力和方向；另一方面，他清楚官僚体系的规则，却勇于打破规则。

泰勒没有博士头衔，在很多正统的研究者眼中，他不是合格的（甚至没有资格成为）研究领导者。但是，他很有自信，并不认为自己与科学家站在一起低人一等。他的不同背景意味着，他不是既得利益者，他可以跳出专家的既得利益格局去更广阔、更客观地看待科学研究。他在任何技术上或是社会上的正统规范里都没有什么既得利益，这能让他和研究者保持有利的距离。

泰勒是官僚体系的搅局者。记述硅谷成长的书《搅局者》（Troublemakers）中就记录了泰勒如何打破官僚的行事方式。在等级森严的国防部，不同位阶的官员之间即使打个电话都需要彼此的秘书沟通多次。泰勒根本不管这样的繁文缛节。如果他有一个好点子，他会径直奔向国防部助理部长的办公室，绕过秘书直接推门硬闯进去坐下来说事，秘书只能跑着进来道歉。助理部长对不速之客自然也是火冒三丈，但是只要泰勒仔细聊到新创意的兴奋点和顾虑之处，助理部长就会开始倾听。

泰勒在20世纪70年代离开国防部，进入施乐在硅谷设立的帕洛阿尔托研究中心，担任计算机实验室的主管，充分运用自己应付官僚机构和激励科学家的能耐，并形成了一套好的管理方法。

他懂得科学家思想碰撞是创新源泉这一道理，愿意给科学家充分的发展空间，但是他需要知道每个人的进度和方向，需要有纠偏的权力。他让每个科学家都知道，他是在为研究者工作，而不是相反。在他管理的实验室里没有层级，所有研究者都向他汇报。

泰勒管理科学家有一大创新：平时根本不干涉科学家的工作，但是每周二所有人都必须参加实验室的例会。这一半天的例会后来被称为"庄家会议"。泰勒为此制定了一套规则：发言者要阐述自己的研究，参会者则需要用他们的专业知识挑出发言者的漏洞，因为有挑战的问题才能够帮助大家厘清思路，阐明观点，突出各自的专业技能。而泰勒的作用就是为实验室的这种对话提供框架，然后让技术专家们发挥特长。"庄家会议"是实验室所有智慧的发源地，确保团队朝着同一个方向前进。

70年代末，泰勒率领科学家研发出了阿尔托计算机，一个由硬件、软件、网络、打印机和服务器组合成的计算机系统，而从构想到实现，只用了不到 4 年的时间。阿尔托计算机的图形界面和鼠标给乔布斯留下了深刻的印象，也奠定了个人计算机的发展方向。著名的风险投资家瓦伦丁（Don Valentine）这样描述实验室对硅谷的贡献："我们经常在帕洛阿尔托研究中心的水井里打水喝，井打得很深，我们喝得也很勤。"

作为跨界者，泰勒是把政府和大企业的资源真正转化为科研可以利用的基础设施的那位打井人。

从硬件到软件的 30 年

阿尔托电脑可以说是 70 年代末最尖端的个人电脑，可以联网，可以进行文档处理，也可以打印。施乐正是生产打印机和复印机起家的。但在个人电脑发展史上，阿尔托电脑是一个基本可以被忽略的注脚，因为泰勒忽略了个人电脑应该有杀手级的应用。在个人电脑发展初期，这种杀手级的应用是电子表格。

苹果曾在热销的苹果 II 上推出了独家软件 VisiCalc，这也是全球最早的一款电子表格软件。ASK 计算机系统公司的创始人库尔茨格（Sandra Kurtzig）在大型机分时使用时代就编写了第一款管理企业库存的表格软件。

推动计算机从硬件向软件迈进是艰难的跨界过程，跨越了 30 年。并不是因为软件编写困难，而是因为要让软件独立于硅片、芯片、计算机这些硬件而真正成为一个单独的产业，一个更为巨大的产业，需要改变硅谷从 50 年代开始作为硬件生产基地的发展方向，需要推动从大型机向个人电脑，从放在恒温实验室里技术人员才会使用的计算设备向日常工作和生活必备的电脑的转型。这只有技术天才加具有敏锐商业嗅觉的跨界者才能理解。

乔布斯的故事不必赘述，库尔茨格的创业史却值得一提，她代表了跨界性和开创性，尤其还是女性进入职场高层并创业的成功案例。

库尔茨格大学毕业后就加入通用电气公司（GE）在美国东岸的贝尔实验室，销售 GE 的分时使用计算机。和其他销售代表不同，她能编程，她的销售策略也因此大为不同。她从一开始就不断与贝尔实验室里的科研人员沟通，了解他们的需求，帮助他们编写小程序，以方便他们分时使用大型计算机。从第一份工作起，库尔茨格就开启了一种全新的商业模式——从需求出发研发产品和服务的商业模式。只是那个时候她还没有意识到这一点。

GE 之所以雇用库尔茨格做销售代表完全是出于另一番考虑，烙着那个时代女性歧视的烙印。GE 的逻辑是，如果女性也能把使用分时计算机解释得很清楚，那么企业用户就不会有畏难情绪了。

70 年代，库尔茨格搬回自己熟悉的西岸，在硅谷安家，她决定创建一家自己的公司，这就是 ASK 计算机系统公司。她的第一个订单就是帮助另一家公司编写管理库存的软件。

创业的过程中，她观察到硅谷正在发生的改变，一个巨大的商业机会正在从硬件转向软件，也正在从在大型计算机上为特定用户定制转向可以通用的应用软件，比如越来越多的中小企业都希望拥有即插即用的库存管理软件。

1980 年，库尔茨格开始推动旗下公司转型，她意识到自己的公司可以成为一家高科技上市公司。虽然同样在硅谷，但是因为不在同一个圈子，只熟悉制造业圈子的库尔茨格并没有机会接触到硅谷成长出来的新物种——风险投资家。但这并不妨碍她去恶补和学习。一年后，ASK 公司上市，库尔茨格以 3000 万美元身家成为硅谷最富有的女创业家。

"发财大学"斯坦福

当硅谷变得纷纷扰扰，帕洛阿尔托研究中心里的科学家也不再沉寂在象牙塔内，泰勒直到最后也没有搞清楚"工程师存在的意义只有一个——建造一种成千上万人都能使用的东西"，阿尔托电脑早早被人遗忘。科研与商业的跨界要如何跨越创新与创业之间的鸿沟？斯坦福大学专利办公室的尼尔斯·赖默斯（Niels J. Reimers）摸索了一套可行的方法。

斯坦福大学被誉为"西岸的哈佛"，不同的是，虽然斯坦福大学非常强调公共服务的理想，但也信奉在科学和商业间存在跨界与交融的可能性。这种可能性，让赖默斯能够迈出跨界的第一步，打破官僚和教授文化僵硬的一面。

赖默斯的提案很简单：专利办公室帮助大学的研究者申请专利，

收取 15% 的专利使用费作为工作经费；三分之一的收益作为奖励给发明者，三分之二由发明者的院系和大学平分，作为未来的科研经费。

科学的公共性与商业的逐利性这两点其实很难平衡。赖默斯要克服科学家根深蒂固的观念及同侪压力。比如说一些开拓性的科学研究奠基在前人的研究之上，同时也可能获得不少国家经费的支持，如果申请了排他性的专利，就可能被其他科学家认为发明者是在自私地逐利。科学家群体里的同侪压力其实很大，只要还想在科研圈里混，做出发明的科学家都不太希望因为一些专利奖金而被同仁的口水淹死。申请专利在当时会被理解为一种不够体面的贪婪行为，一次建立在他人成果之上的邀功。

此外，如果一项技术能够带来巨大的改变，考虑商业利益是不是有违大学提供公共服务的理想？这都是赖默斯面临的挑战。

赖默斯知道要推动专利申请，首先要得到教授的支持。重组DNA 技术的发明在 70 年代是一大突破，发明人是来自斯坦福大学的斯坦利·科恩（Stanley N. Cohen）教授和加州大学旧金山分校的赫伯特·博耶（Herbert W. Boyer）教授。赖默斯耐心地向两位发明人解释申请专利的好处，虽然两人最终被说服，但都选择不接受奖金，而是把奖金捐献给大学。赖默斯接着花时间说服加州大学的同事，以斯坦福大学承担所有专利申请费用，而加州大学仍可以对半分享收益为"诱饵"，换取了加州大学的支持。他联系所有给予重组 DNA 技术研究过程以资助的政府机构，说服他们把发明的权益集中授予其中的一家。这是为未来铺路。赖默斯的想法是，等到专利被授予之后，再向单一政府机构争取发明的所有权要容易得多。

赖默斯坚信，公司是将学术界的想法转移到更广泛的公众身上的最佳载体。最终，他为重组 DNA 技术申请到了专利，创造了 2.55 亿美元的许可收入和专利费，也为斯坦福大学专利办公室挣了差不多 4000 万美元的费用。"有超过 28000 件专利产品堆积在政府部门而没能得以利用，原因竟是没人来为它们开发激励机制。"赖默斯为科研运用到商业闯开了一条路。到 2014 年，美国的学术研究带来了价值大约 280 亿美元的产品销售额。

1980 年美国国会通过贝赫－多尔法案（Bayh-Dole Act），把赖默斯摸索了 5 年的过程确定为法律，大学有权利索取政府拨款资助的研究发明的所有权。

赖默斯并没有止步于此。毕竟他生活在日新月异的硅谷，看了太多创新公司上市之后的造富神话。在风险投资日益兴起之后，他再次推动大学接受股权——而不仅仅是现金——作为专利使用费，为大学创收开辟了新的道路。在赖默斯的推动下，斯坦福大学重新定义了与硅谷创业环境的关系，教授创业、学校持股变得司空见惯。《纽约客》因此给斯坦福大学起了一个外号，叫"发财大学"（Get Rich U.）。

独角兽追寻者的盲点

坏血的逻辑

追寻独角兽的资本盛宴，也是此起彼伏的创始人的造神运动。名校辍学、远大愿景，再加上"现实扭曲力场"（Reality Distortion Field），乔布斯的烙印深深影响了新一代的投资人和创业者。只是有时候会产生盲点，东施效颦的"构想"终有被揭穿的时候。*Bad Blood* 一书（直译成《坏血》，也可以引申为"敌意"，很巧妙的双关）就揭露了这样一家曾经誉满硅谷的独角兽企业 Theranos。调查故事令人血脉偾张，但是故事背后所揭示出的硅谷的结构性问题，也就是独角兽本身及它的追寻者的盲点，更发人深思。

《坏血》的主角是 Theranos 的创始人伊丽莎白·福尔摩斯（Elizabeth Holmes）。福尔摩斯（和名侦探没有关系）是典型的硅谷创始人，在斯坦福大学读大二时就辍学创业，花了几天几夜设计出一款专利，构想了一个用几滴指尖血就能测试出潜在问题的"宝盒"。注意！"构想"这个词很重要。因为直到今天，也没有人真正知道福尔摩斯的专利到底有多少高科技成分。

福尔摩斯极具感染力，是一个讲故事的高手，她把指尖验血描绘成医疗行业中变革性的技术，既能让那些晕血晕针的病人能够简易地了解验血指标的情况，又能在战场或者像埃博拉病毒泛滥区这样的特殊环境中提供就地验血的解决方案，还能让患有长期病症的患者可以在家里随时观察自己的血液体征，让医生能够远程调剂用药量。指尖采血即可完成几百项验血实验，机器便携，可通过互联网对采血数据进行远程分析。如果这一切都能实现，的确是医疗行业革命性的成果。但福尔摩斯把移动互联网讲故事的方式用错了地方。

硅谷从比尔·盖茨和乔布斯那一代开始，就流行这样一种文化：好的创业公司要能构筑伟大的梦想，描绘出伟大的产品。甚至有一个专门的词来描绘这种伟大的产品，叫作 vaporware，也就是"悬在空中一吹就散"的产品。逻辑很简单。首先编织一套美丽的梦，努力向投资人兜售这个梦；拿到融资之后，再不断努力小步迭代，希望逐渐追上这个梦。在追梦的过程中，创业者们也总是对真实的进阶情况遮遮掩掩，靠自己的魅力补足产品的缺陷。乔布斯的 Mac II 就是一个典型的例子。

这种造梦神话用在移动互联网上，如果无法实现，至多让投资人亏钱，让消费者空欢喜；但是如果用在医疗领域，就有可能人命关天。福尔摩斯显然希望用自己的魅力来补足产品的缺陷，以在这条路上越走越远，用假象和谎言来替代真实的技术进步。

"女版乔布斯"跌落神坛

《坏血》的作者就是最先揭露 Theranos 内幕的《华尔街日报》深度调查记者约翰·卡雷鲁（John Carreyrou）。他于 2015 年 10 月 15 日发表在《华尔街日报》头版的文章 *A Prized Startup's Struggle*（《一家估值不菲的创业公司的抗争》）敲响了 Theranos 的警钟。

Theranos 的问题真的很多。公司宣传几百项实验都能通过指尖采血完成，而实际的情况是，只有十几项实验在公司初代机器"爱迪生"（Edison）上完成，其他实验都是稀释了指尖采血之后在西门子的商业验血机上完成的。"爱迪生"的检验结果非常不准确，而稀释的血液在第三方机器上完成验血也突破了医学的底线。因为正常的验血需要的采血量高得多，只有针管采血才能完成，通过稀释血液来满足检验液体的最低量，起码也让检验的准确度大打折扣。

其他的问题林林总总。Theranos 在明明知道机器远没有达到商用标准的情况下，和大型连锁药店沃尔格林（Walgreens）合作，在它位于亚利桑那州的分店里开设小诊所。医生和病人都以为血液检验在诊所里的机器上完成，实际上却是公司把所有的血样都通过快递运往硅谷的总部实验室里检测，而且大多数情况下用的是第三方的机器。虽然采用了昂贵的空运，但货物仍然可能在中转的时候被放在停机坪上数个小时，很多样本运送到实验室的时候都已经变成了干的血块。实验室里到底是怎么检验出结果来的，真是天知道。至于 Theranos 所宣称的"廉价、快捷且简便的检测服务"，纯粹是"烧钱"和欺骗的结果。

Theranos 给病人带来的风险显而易见。验血指标是医生诊断最重要的基础。如果指标出错，医生就可能开出错的药方。如果明明有问题却没有检测出，病人有可能病情恶化甚至死亡。这些问题导致 Theranos 的科研人员像走马灯式地更换，因为很多人都没有办法接受公司如此突破医学底线的做法。

谁是"造神者"？

既然问题这么多，为什么这家公司从 2000 年年初创业，能持续那么久？甚至在 2015 年美国《财富》杂志刊出封面报道之后，福尔摩斯一度成为硅谷最红的创业者，也成为硅谷女性创业者的典范。当年公司融资 4 亿多美元，估值超过 90 亿美元，成了名副其实的独角兽。难道投资人、专家和内部的员工都看不到这样那样的问题吗？

Theranos 被戳穿骗局从独角兽神坛跌落的故事，其实恰恰凸显了硅谷投资人和创业者的盲点。

首先是对"经典创业者"的追捧，导致投资人产生了路径依赖。福尔摩斯的创业经历就是教科书式的经典创业路径，从名校辍学、早慧且有独创的发明（其实是构想）、勤奋上进以公司为家、每天只睡 4 小时、把乔布斯的做派奉为神明，甚至穿着上也追求和乔布斯一致——一身黑色的套头衫。恰巧，福尔摩斯最大的优势就是她和乔布斯一样，能创建出自己的"现实扭曲力场"，能够用自己的执着、真诚和热情，征服任何一个进入她轨道的投资人。这样的路径依赖用于IT 或者编程也许可行。无论是乔布斯还是盖茨，或者新生代的扎克伯格，都可能靠自学和聪明成为顶级的程序员，但是一个只修了两个学期生化课程的斯坦福大学辍学生，如何能发明出开创性的检测技术呢？在医疗领域成为专家，没有一定的积累，仅靠自学，恐怕是神话吧？这样的问题，在 Theranos 十几年的存续期里，却很少被人问及。

其次是硅谷投资圈的加速圈层化，以及 2008 年金融危机之后量化宽松产生的货币泡沫，给了"创业者"更多长袖善舞的机会。只是这种长袖善舞如果突破了道德甚至法律的底线，就有可能把投资人玩弄于股掌之间。圈层化的硅谷，让那些从微软、苹果、谷歌身上尝到了"点石成金"滋味的投资人都自命为伯乐，争相挖掘下一个尚未长成的乔布斯。圈层化造就的硅谷名利场，一方面有巨大的利益驱动，另一方面，名气会带来未来的利益。

福尔摩斯有两位"伯乐"，一位是她在斯坦福大学上学时的老师，另一位是她儿时玩伴的父亲，一位资深的风险投资家。老师为她变革医疗行业的创见和理想背书，风险投资家则用最初的 100 万美元开启了 Theranos 的融资大幕。长袖善舞的福尔摩斯的下一步就是充分挖掘斯坦福大学这个"硅谷重镇"的资源，把胡佛研究院里的几位老爷爷请了出来担任公司董事，有基辛格和舒尔茨这两位前国务卿的背书，其他名人也纷至沓来，包括后来成为特朗普国防部部长的马蒂斯等。一个全明星的董事会阵容，对于福尔摩斯赢得后续投资人的追捧，当然起了至关重要的作用。

2015 年，福尔摩斯在一个慈善活动上认识了传媒大亨默多克，很快也用自己的"现实扭曲力场"征服了他，默多克慷慨投资 1.35 亿美元。等到他旗下的《华尔街日报》刊登报道之后，他的投资几乎打了水漂。不过默多克在投资前还是做了功课，他打电话给美国著名医疗机构克利夫兰医学中心的老板询问 Theranos 的情况。当时克利夫兰医学中心刚刚和 Theranos 签署合作协议，计划使用它的检测仪器，医学中心的老板当然对福尔摩斯赞誉有加。再加上公司推荐文件上对其 2016 年和 2017 年营收的美好描述，默多克自然不会放过这个看上去笃定发财的机会。

如果有谁真的对这家神秘兮兮的公司做尽职调查的话，很容易就会嗅到一些蛛丝马迹：为什么公司的全明星董事会里，没有一位有医疗或者生化方面的背景？为什么公司的几轮融资中，没有一家医疗领域的基金参与？为什么公司说它有黑科技可以改变整个诊疗行业，却没有在任何知名的学术期刊上发表过一篇有分量的学术论文？为什么这么简单的问题，却没有人问？

这就引出了第三个问题，是 FOMO 在作祟。FOMO，即"Fear of Missing Out"，翻译成中文就是：害怕错过了挣钱的好机会。钱多人傻，好的项目不多，圈层化的结果导致大量信息不对称，各行各业都弥漫着一种FOMO式的担心。默多克作为圈内的人，之所以选择投资主要是觉得靠关系捡了便宜，这其实也是FOMO在作祟。而对于硅谷之外的人，FOMO更是他们投资或者与Theranos合作最大的催化剂。除了大型连锁药店沃尔格林之外，连锁超市西夫韦（Safeway）也与Theranos开启了深度合作，而两家公司都面临行业内的加剧竞争，寄希望于通过成为新科技的尝鲜者而得以重振业务。当然，它们担心一个未来的独角兽从自己的眼皮底下溜掉，更担心竞争对手会受益于独角兽，所以明明看到很多异常的情况——比如Theranos根本无法提供一整套漂亮的检验结果，仍然选择相信福尔摩斯夸夸其谈的PPT。

媒体在这一波造神运动中也推波助澜。《财富》杂志2015年把福尔摩斯推上封面之后，《福布斯》在次月立马跟进，《纽约客》也刊登出了专访文章，虽然有一点小质疑，《经济学人》随后也有专文介绍。主流媒体也是FOMO的受害者，谁也不敢错过下一个乔布斯，下一个行业的颠覆者。

反思Theranos事件

既然Theranos的问题那么多，而且有可能直接损害病人的健康，为什么没有内部线人的举报？既然公司内部管理有问题，离职率非常高，为什么没有前雇员就公司的问题发声？

原因是美国市场的独特性。美国是一个诉讼的国度，在资本的推动下成为独角兽也意味着独角兽可以在律师费上一掷千金。资本的力量深刻改变了创业公司。站在独角兽面前，任何一个个体都会因为担心诉讼而不寒而栗。Theranos虽然内部管理远不够成熟，但是在利用律师上却炉火纯青，每位员工离职前都需要签署各种协定，不得公开任职期间了解到的任何的公司信息。公司甚至变态到不允许员工在领英（LinkedIn）上公开自己已经成为Theranos雇员的消息，给出的理由竟然是公司的商业机密不能让任何人打探到。

　　《坏血》的情节之所以令人血脉偾张（传奇影业已经买下版权，据传将由亚当·迈凯编剧、导演，詹妮弗·劳伦斯将饰演福尔摩斯），就是因为Theranos请到了2000年为总统大选中副总统戈尔一方打重新计票官司的大律师行作为公司的律师方，紧盯住任何可能泄密的人。作者卡雷鲁颇费周折找到了公司的前雇员及在亚利桑那州的小诊所里使用过Theranos验血服务且结果出错的病人，没几天这些人却都被律师行盯上了。律师行把恫吓做到了极致，跟踪潜在证人，写吓人的律师函，让任何担心自己被诉的人都能感受到一种可能会因为天价律师费而倾家荡产的痛苦。公司董事舒尔茨的孙子为了揭露公司的问题做了卡雷鲁的"线人"，他的父母为了和Theranos的律师行周旋，花了至少40万美元的律师费。律师行也没有少恫吓《华尔街日报》强迫其撤稿，甚至一度光临《华尔街日报》大厦，和记者、编辑对质，软磨硬泡。《华尔街日报》有一个防止报道对象感到吃惊的制度，在调查报道刊登前会通知报道对象，给他们一两周的时间回应。

对于相信阴谋论的人来说，福尔摩斯在 2015 年偶遇默多克并说服他投资公司也可能是有预谋的。因为那时候福尔摩斯已经知道《华尔街日报》在调查自己，而且好几次向默多克提出他旗下这份报纸正在进行的调查没有任何根据。默多克到底还是老报人，将福尔摩斯的请求都顶了回去，说他相信编辑室的判断。

福尔摩斯从硅谷女性创业者代言人的位置上一下子跌落下来，官司缠身，成为"一心成名，不计手段"的反面典型，其引发的思考并不只关于硅谷生态发生的变化，更有关金钱的腐蚀力。福尔摩斯从小就有宏大的抱负，小时候有人问她想要做什么，她不假思索地说：成为亿万富翁。的确，在公司成为独角兽的那段时间，她成了最年轻的自力更生的女性亿万富翁。可是她也曾自命为下一个居里夫人，拥有给人类带来美好改变的追求。当年的理想到底是真的还是假的？不得而知。

作为独角兽的 Theranos，总共融资超过 9 亿美元，有超过 15 年的历史，如果福尔摩斯真的有改变世界的追求，为什么没能把如此庞大的资金用于真正的研发呢？回到最初的问题。即使她本人并不是合格的科学家，曾经财大气粗的 Theranos 及独角兽足够有吸引力的期权，为什么没能吸引并留住一流的研究者，帮她的"构想"破局呢？或许福尔摩斯的美妙承诺给自己挖了太深的坑。

不过有一点是肯定的，她在雇用律师、开派对、使用私人飞机和雇用众多保镖方面，用"一掷千金"来形容都不过分。金钱和镁光灯真的能改变一个人。现在的硅谷，两者都太泛滥了。

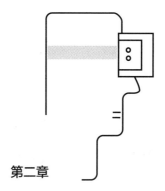

第二章

数字经济

· · · · · · · ·

从移动营销的巨变到个人数据交易

上海黄陂南路的十字路口每天都熙熙攘攘满是人流，四边的商场和写字楼布满了巨大的广告屏，繁忙的路人很难忽略这些精致的广告。在路人甲抬头看到一则最新款手机的广告之时，他的手机也震动了一下，他低头一看，原来是附近商场里品牌手机店的促销信息，这样联动的广告效果是不是会更好？

广告屏怎么会知道路人甲正在走过十字路口？因为可以从电信运营商那里获得他的地理位置信息；发达的人脸识别技术能够在人群熙攘的十字路口一下子就认出行色匆匆的路人甲，同样可以给广告屏以提示。

并不是所有人都会收到通过手机发送的促销信息。路人甲是一个30多岁的上班族，保持着一年换一款手机的频率，最近更是常常打开测评新手机的文章。他收到促销信息是因为广告屏的内容推送者对他有比较深入的了解，认为他有购买新手机的意愿。

还有一种可能，当广告屏的内容推送者从运营商的地理数据中发现有几百个年轻的上班族正穿过繁忙的十字路口，而他们有一个共同的特点——在过去一个月内都搜索过新手机，它就可能会选择展示一条最新款手机的 5 秒短视频广告。而这家手机商是通过自动竞标系统拿下了这个精准的时段。

这些都是正在发生的移动数字营销的场景实验。这些场景实验有几个新特点：第一，传统广告变得智能化，甚至可以像在线广告那样也加入机器竞拍的机制；第二，线下营销变得和线上营销一样，可以精准锁定潜在消费者；第三，复合式的推广——比如广告加折扣券的方式——变得日益流行，也可以更准确地衡量推广的效果。

这种移动数字营销的场景实验，恰恰是全球两万亿美元市场的广告业正在被彻底颠覆的一个缩影。这背后是大数据，尤其是个人行为大数据的搜集、分析和应用的日益广泛，以及人工智能的日益普及。而贯穿其中的是媒体转型与零售商业模式的巨变，以及越来越多的跨界可能。

这样的巨变，一方面可能会赋能消费者，让商家有机会和消费者产生直接而紧密的关联，给消费者提供更好的服务和体验；另一方面，又会引起更多对隐私泄露和隐私滥用的担忧，以及对过度消费的质疑。

O2O 的场景革命

智能手机的出现，让线上和线下的结合（也就是 O2O）变得火爆。要参与线下购物的场景革命，企业首先需要回答 3 个问题："客户为什么出现在那里？客户现在需要什么？客户现在有什么感觉？"纽约大学商学院高斯（Anindya Ghose）教授在他的新书《点击》（*Tap*）中点出了移动数字营销的实质：如何从客户的移动与行为数据中判断客户的消费潜力与消费意愿，然后利用有针对性的推广来吸引客户参与体验。

《点击》中着重分析了基于手机的场景营销，强调仅仅基于消费者的位置信息进行营销还远远不够，一定要加上其他的数据分析，比如环境的拥挤程度，消费者之前的行动轨迹，才能更准确地去预判消费者的消费潜力。

比如，在早高峰拥挤的地铁上，手机可能会给人创造一个虚拟的私人空间，当人沉浸其中时，广告的效果会更好。又比如，当商家能追踪一个消费者在商场里的行动轨迹时，也就能更准确地判断顾客入店购物的意愿大小；商家可以根据轨迹清晰地辨认出，一个在苹果店门口的客人到底是准备进来挑选下一款手机，还是因为苹果店是地标，他在地标处等人。

还有一个案例也很有趣，可谓活灵活现地运用了《孙子兵法》里的"远交近攻"战术。高斯教授在欧洲调研发现，距离商家的远近与移动打折券的折扣幅度相关，即离商家越远的客户，应该享受到越低的折扣。背后的原因也很简单，距离商家越远，前往商家的成本也就越高，需要更低的折扣来增加吸引力。

这种基于场景的营销革命，的确给线下的零售商家提供了很多鲜活的营销手段。但这样的营销基于两方面的发展。首先是消费者移动行为数据的方便采集与及时分析。

智能手机的普及让搜集消费者的移动行为数据变得非常容易，无论是电信运营商、手机制造商，还是商场运营商（通过提供免费Wi-Fi热点），都能比较准确地捕捉每一个消费者的移动行为信息。

其次是与消费者其他信息的匹配也变得越来越方便。

光有移动行为信息，没有有关消费者年龄、收入、喜好、之前购买商品的消费记录等信息，很难形成对消费者消费需求的立体判断。各类APP和社交媒体软件都在搜集这些信息。商家综合这两类信息，就能够更好地形成对消费者潜在需求和消费意愿的预判。

未来的商家需要挖掘"未知"的消费者的需求。这种"未知"有两种解读：一种是不为商家所知的，一种是甚至不为消费者所知的。如果能比消费者自身更懂他的需求，那么移动广告的效果当然会更好。未来行为和体验变得特别重要，而移动设备让我们能更好地捕捉行为、预测体验。

在信息过载的当下，商家特别需要在移动广告的贴切度（relevance）和频次（frequency）之间做取舍。消费者其实希望接收到对的信息、有用的推广、适合的广告，而不希望被频繁打扰。

　　商家需要意识到，与消费者之间的博弈不是一锤子买卖，而是多次博弈，能够在正确的时间、正确的地点给出正确的产品，才能真正打动顾客。而目前移动营销最大的症结恰恰是商家单纯凭借消费者的地理位置信息，严重依赖"人海"战术，希望广撒网以收获客户，结果却导致消费者对移动广告的厌烦，这种营销的效果适得其反。未来的营销，一定是越来越精准的定制化营销。

定制化营销背后的跨界乱战

　　定制化营销有一个更好的说法，就是千人千面的传播；另一种说法就是"一对一"的营销。这些称谓可能始于智能手机的普及，因为手机是人类发明出来的最亲密的机器；电脑有可能借给别人用，手机却很少借给别人玩（除了打电话之外）。手机随身携带的属性也第一次把线上和线下连接起来，把人的行为轨迹、消费信息、浏览习惯全部一股脑打包了起来。

　　一位大数据营销专家这么描述大数据如何精准定位消费者的需求：首先，我要能识别你，或者至少是除去真实身份信息之后匿名的你；然后，我要知道我对你了解多深，知道了这些之后，我就可以去匹配哪些广告商愿意对你做推广，同时开出价钱；最后，我希望在0.2秒之内把广告推到你的眼前。换句话说，了解你，拥有你的历史行为信息，匹配品牌需求，就能做好精准营销了。

　　这种精准营销可以精准到什么程度呢？宝洁的市场营销官说：从

你的手机，我就能知道你最近出差是住在四星级的酒店还是两星级的酒店，你是坐火车还是坐飞机。

这些信息最大的用处是能够帮助商家把消费者分层、分群，如果能把消费者按照他们的行为属性和个人信息分成细小的人群，就能针对人群的特点定制出有针对性的推广方案。这种分析的应用，也意味着在大数据时代，营销的起点不再是创意，而是数字洞察。

美国社交媒体平台脸书（Facebook）就搜集了用户100多项个人信息和消费记录，然后再从全世界5000多个数据掮客手中搜集相关的个人信息，包括医疗记录、会员卡信息、选民登记信息、房贷情况、付款凭证等，为的就是能够尽可能全面地画出用户画像。脸书与雷克萨斯合作，利用脸书的用户画像和雷克萨斯自有的用户信息，制作出几千个不同的广告小视频投放在脸书上，在美国市场上就获得了较好的推广成绩。

问题是，脸书不仅搜集数据，还构建了自己的"数据围城"，搜集了海量的信息却不愿意分享。平台对数据的垄断，让数据分享变成一种幻象。

脸书和谷歌之所以能够基本瓜分美国的在线数字广告市场，就是因为它们已经构建了自己的数据围城。但这并不意味着定制化营销的市场就被这两家企业所垄断。螳螂捕蝉，黄雀在后，又一个巨头亚马逊跨界进入在线广告市场。因为相比眼球的关注，购买行为要重要得多；因为历史购买信息比点击、网页浏览记录、观看广告时长或者搜索信息都更能准确预测未来的购买行为——而这恰恰是亚马逊所擅长的。

数字营销的"军备竞赛"正在全球广告业上演一场颠覆大战，超级数据平台脸书、谷歌和亚马逊的跨界进入，切走了很大一块蛋糕；默多克帝国和迪士尼这样的媒体巨头也开始更深入地挖掘大数据带来的营销机会；传统的平面媒体和电视媒体在谋求生存的过程中不得不在原生广告上加大投入，成为广告内容策划与消费者关联的平台，模糊了它们与传统广告公司的差别；甚至像 IBM GBS 这样很传统的 IT 咨询公司也开始进入数字营销领域，因为他们想利用跟企业 CEO 的紧密关联和自己的大数据分析能力，在数字营销市场中分得一杯羹。

广告营销领域内的跨界乱战，日渐演变成大数据的争夺战。争夺战中暴露出很多问题：数据交易不规范，数据标准不统一，数据使用没有被充分保护。而这一系列问题中最尖锐的，还是隐私保护问题。

如何保护数据隐私？

通过手机捕捉的消费者移动行为数据，所有权到底该归谁？到底谁能够使用？电信运营商掌握大量消费者行为信息，当他们的利润不断被侵蚀的时候，他们就开始有更大的动力去挖掘用户数据，尤其是用户行动加地理位置数据。反过来，手机商和 APP 也都在搜集这些数据。当然最大的数据搜集商还是脸书和谷歌这样的超级数字平台。

到目前为止，还远没有建立起一套数据确权、共享和交易的共识。

而达成共识之前，首先得确定该如何保护数据隐私。

关于数据隐私的讨论，有乐观派，也有悲观派。

《点击》的作者高斯教授属于乐观派。他认为，现有对隐私的讨论，比如欧盟 2018 年 5 月通过的数据隐私新规（GDPR），就过度强调对隐私的保护，却忽略了隐私数据如果能更好地被各方使用而给消费者带来的便利和实惠。他认为，尤其是"90 后"和"00 后"这一代"新鲜人"，会越来越多地将个人数据当作货币去交换和使用。

的确，伴随着手机长大的这一代人，他们的隐私观发生了很大的改变。他们很清楚自己完全没有可能超脱于这个个人信息随时随地被搜集的世界，无论是平台还是企业都搜集了他们海量的信息。他们有着明确的意识：与其去吵吵嚷嚷，去争取基本不可能实现的隐私保护，不如去争取自己的权益。他们的数据有价值，他们需要赚取这样的价值。因此，年轻一代有可能愿意用自己的个人行为数据去交换折扣或者补贴。

高斯教授就预测说，在很近的未来（有可能是两三年之内）就可能出现个人数据交易所，当然交易所存在的前提是个人信息已经确权，每个人都对自己线上和线下的个人行为数据拥有所有权，交换过程公开透明，个人数据不会被滥用。在未来，每个人可以把自己不同类型的数据——比如行为和地址信息、学历信息、过去几年的在线采购信息等——打包起来，让不同的平台竞价获得。每个人可以选择是把信息卖给出价最高者，还是卖给最信赖的平台。

相反，《智能机器时代》（*In the Age of the Smart Machine*，出版于 20 世纪 80 年代）的作者，哈佛大学的教授祖波夫（Shoshana Zuboff）就属于悲观派，她提出"监视资本主义"（她的新书名为 *The Age of Surveillance Capitalism*）的概念，认为恰恰是谷歌和脸书这样的数据平台从搜集用户行为数据中获得市场支配力，并通过对大数据的分析成为未来的预测者。她担心，这种通过大数据预测用户行为的"军备竞赛"不会只停留在提供更为精准的广告这样的初级水平，未来平台很可能会将用户每天的实时动态售卖给商家，商家可以用各种方法来影响或者改变用户的行为，并从中盈利。

在一些极端的情况下，当消费者的行为数据被大量搜集之后，如果每个消费者的全部行为档案都能够被调出来，就有可能产生各式各样对消费者的歧视和对隐私的侵犯。

比如，商家很可能会对高收入人群的数据趋之若鹜，对低收入人群的数据没有丝毫的兴趣，导致人群的圈层化在消费领域被加深，加剧贫富差距的鸿沟。甚至可能发展到一种阶段：有钱人可以享受到越来越多的优惠和便利，而穷人根本不会被商家所关注，更不用说享受到商家为他们提供的产品与服务了。

《算法霸权》（*Weapons of Math Destruction*）中就引述了一个很好的大数据应用强化圈层化的例子，这是一本研究大数据可能给世界带来哪些问题的书。

比如在美国，如果你的信用评分不好，又居住在犯罪率比较高的社区，算法就可能不断地向你推销各种有问题的次贷产品，却会在有好的工作机会的时候把你屏蔽，让你找工作更曲折，提升自己的信用评分更困难。换句话说，算法让很多人改变现状变得难上加难，加剧了一些人的沉沦。

消费者被赋能了吗？

未来关于数字隐私及该如何制定个人数据确权与交易规则的讨论还会更加激烈和深入。但是在讨论隐私的同时，也不能忽略在整个数字经济狂飙猛进的过程中，消费者到底是受益还是受损这个重要的问题。

我们已经看到了一些明显的改变——消费者注意力的改变。在信息缺乏的时代，消费者愿意花时间去看广告，因为他们需要从广告中汲取信息。到了信息泛滥的今天，消费者的注意力已经日益涣散——他们被太多的信息轰炸，给予信息的注意力越来越稀缺。几年前一份微软的调研发现，人们平均注意力的持续时间已经低于金鱼（金鱼是9秒，而人类的平均数只有8秒）。

在广告商和消费者之间，天平明显偏向了消费者，广告商面临越来越大的挑战，他们需要铆足心思去创造消费者希望尝试的体验。因为消费者已经不再需要大多数广告了，他们有多得多的选择。

这种信息泛滥，也让传统的信息过滤器变得更加流行。而最有效的过滤器就是口碑营销，口口相传。朋友、同事、亲人这些值得信任的人的传播变成了新的主流营销模式。这是不是意味着消费者拥有了更多权利呢？

精准营销的发展更进一步加剧了消费者的分裂。一方面，年轻一代越来越反感广告；另一方面，因为数据营销的"军备竞赛"，更加沉浸式的（广告）体验能让广告商更精准地拨弄消费者的神经。

这样的精准营销是不是会赋予广告商更强的能力？更强的营销能力会不会导致年轻人群过度消费？

在历史上，不同时代都有年轻人沦为消费信贷奴隶（"卡奴"）的案例，无论是北美还是东亚，都曾经有过年轻一代禁不起消费诱惑而背负沉重消费信贷债务的前车之鉴。基于位置信息和行为数据的移动数字营销会不会加剧对年轻人的诱惑？如何避免它们被滥用？

高斯教授承认当移动数字营销的效果越来越好的时候，的确有必要去限制商家对移动数字营销的滥用。如果越来越多的商家能够在营销的效果和频次上尝到甜头，也许消费者就不会因为营销广告的狂轰滥炸而欲壑难填。另一种办法是规定每个商家针对每个消费者在特定时间内营销频次的上限，当然，这是另一个有关监管的话题了。

吴修铭（Tim Wu）在《注意力经济》（*The Attention Merchants*）一书中的警醒言犹在耳：不要让消费者成为数据平台售卖的商品。面对数字营销革命，消费者真的能成为最后的赢家吗？

其实，谁是赢家并不重要，重要的是双向的沟通。领先的企业已经开始注意到和消费者建立双向沟通的重要性。比如耐克很早就创建了"Nike+"，经用户允许之后可以通过鞋里的传感器搜集用户的运动信息。正是这种通过与用户建立直接关联，对用户的运动信息展开的分析，可以给予用户运动建议作为反馈，同时也创造了新的会员付费的商业模式。现在有4000万耐克用户成为耐克的会员。同样，联合利华2016年花10亿美元收购一美元剃刀俱乐部（Dollar Shave Club）不仅是为了与吉列竞争，也是为了获得俱乐部上千万的会员用户，看重与会员直接沟通的渠道。

　　在移动数字营销的"军备竞赛"中，倾听变成最为重要的能力，因为消费者不再希望被赤裸裸地营销，他们希望被尊重、被倾听。这才是最大的转变。以前的传播是单向的，从商家、平台向消费者传播；现在变成了双向的，商家和平台必须倾听用户的声音。当然，这种双向传播也可以被认为是商家通过用户的行为数据得以更好地洞察他们。不过，必须有约束，以防止这种洞察的滥用。

"网飞经济学"的启示

如果要用一个词来形容美国互联网巨头企业，那一定是FAANG，有人称之为"大獠牙帮"（fang 在英语里是毒牙的意思）。"大獠牙帮"中的脸书（Facebook）、亚马逊（Amazon）、苹果（Apple）和谷歌（Google）大家都耳熟能详，相比之下网飞（Netflix）却不那么起眼，也是"大獠牙帮"中市值最低的小兄弟。但是，如果要从企业的数字化转型、商业模式创新和人工智能应用及对传统商业的颠覆这一系列维度去评价，网飞这家在线视频流媒体公司却是个极佳的成功案例。

截至 2018 年第三季度，网飞的订户总数达到 1.37 亿，其中三分之一在美国。按每人每月平均订费 10 美元计算，这些用户带来的年收入将达到 164 亿美元。同样惊人的是，网飞计划投资 120 亿 ~ 130

亿美元拍独家的电视节目内容，彻底从一个传统的视频内容渠道商变成整合原创节目生产与分发全流程的流媒体平台。网飞花钱的力度，只有亚马逊堪比。

为什么网飞愿意把所有的收入都投入到原创内容的制作中去？为什么网飞能够如此大手笔地把所有的收入都投入到原创内容的创作之中？它的这种疯狂"烧钱"的模式到底代表了一种怎样的新商业模式？已经有人用"网飞经济学"来形容这一商业模式。如果用一句话来概括，"网飞经济学"就是能够充分调动内部数据资产的大型企业利用人工智能与付费用户建立直接并专属的联系，以进行精准营销的商业模式。"大獠牙帮"中或许只有亚马逊与网飞有不少类似之处，但是若论行业专注度，网飞位列第一。

理解"网飞经济学"，还得从《纸牌屋》（*House of Cards*）谈起。2013年开拍的《纸牌屋》是网飞投资的第一个原创剧集，却也是对美国传统电视业颠覆的开始。《纸牌屋》的出名，不仅仅是因为它在美剧爱好者中拥有很好的口碑，更因为它开创了许多"第一"。

它是第一个将一季13集剧集一次性放出的电视剧。在此之前，无论是免费的美国三大电视公司还是收费的有线电视台如HBO，一季电视剧每周播放一集是正常套路。网飞这么做，可以说是完全不按牌理出牌，却让观众大呼过瘾。通宵看剧的人大有人在。

它也是第一个没有拍任何样片就由网飞高层拍板开拍的剧集，而且一次就预订两季，第一季的投资高达1亿美元。要知道，常规的做法是片商看了一两集的样片之后再定夺是否预订，且在第一季的播放过程中根据收视率决定是砍档还是续订。网飞的这种做法是对传统电视行业整个业务模式的颠覆，影响深远。

传统电视，无论是免费的无线电视网还是收费的有线电视，归根结底都需要消费者自己去搜索他们想看的节目，都以尼尔森这样的公司搜集的观众收视率作为评价节目好坏的标杆。以美国传统电视业为例，无论是三大无线电视网之一的 ABC 还是以原创电影和剧集著称的 HBO 都面临同样的问题：在推出新节目之前，公司的高层并没有办法判断某个特定节目的观众收视率是高还是低。所以，美国的传统电视行业平均每年要花费大约 4 亿美元，从五六百个剧本中筛选出一百个左右，让创作团队拍出一集试映的样片，只有三分之一的样片会被审核通过，获得资金开拍第一季。电视剧播出之后，又马上进入一场收视率的锦标赛，排名靠后的剧集很快被砍档。通常在第一季结束之后，平均只有十二三个剧集能被续签第二季。

网飞能这么做，是因为它很早就意识到积累和管理数据资产的重要性，尤其是作为一个直接面向千万用户的企业。它在十几年前还是一家邮寄租看 DVD 的传统企业时，就看清楚了了解用户的喜好和选择是它最重要的资产。在邮寄 DVD 时代，它就着手积累用户喜好大数据，让每位订户在寄回 DVD 的同时为电影打分；进入流媒体时代，作为在线视频平台，它更加强了对用户行为数据的搜集。了解千百万订户的选择，让网飞在开拍《纸牌屋》之前就已经对用户喜好有了足够的认知，也为它构建并不断完善推荐算法打好了基础。

几年前网飞的算法还很简单。对海量用户的观看习惯做分析后，它发现有众多用户喜爱 BBC 的原版剧集《纸牌屋》（美版《纸牌屋》是对 BBC 剧集的翻拍），许多用户把剧集看了一遍又一遍，且一看就收不住手，这些行为在网飞看来是用户喜好的直接表现。与之相关的是，网飞发现，喜爱看 BBC 版《纸牌屋》的观众也很喜欢看由男星凯文·史派西（Kevin Spacey）出演的电影，对《社交网络》的导演大卫·芬奇（David Fincher）也十分感兴趣。

有了用大数据和算法梳理出的观众认可的剧本、演员和导演，网飞的高层认为将三者打包起来的剧集值得一赌。而且它这一出手，就是豪赌。

显然，网飞的这一赌不仅获得了商业上的成功，在艺术上也很惊艳。因为《纸牌屋》，网飞仅仅用 6 个月就获得多项艾美奖提名，并最终捧回艾美奖和金球奖。相比之下，HBO 等了整整 25 年才等到第一个艾美奖提名。

网飞的首席内容官泰德·萨兰多斯曾经说过这么一句话："我们的目标是快速成为 HBO，而不让 HBO 那么容易赶上我们。"这句话从网飞决定开拍《纸牌屋》之后就被一再验证。

人工智能把"推荐"推向了前台

《纸牌屋》对电视业的颠覆，源自网飞对大数据的利用。几年前网飞2500万订户的观看习惯，被它用以判断观众的喜好，并基于此来创作观众喜欢的剧集。几年后，它在大数据和人工智能的应用上又有了长足的进步。

首先，网飞所搜集的用户行为的数据，颗粒度已经非常细致。每天，它要搜集几千万用户的行为数据，每个数据触点包括用户观看视频的时间、地点、时长、用什么设备观看，每个用户观看视频时的行为也会被清晰标注，比如什么时间暂停、快进或者回放，当然还包括每个人对剧集的评分、搜索历史，以及在社交媒体上的留言和评价。

大数据专家认为好的大数据需要同时具有宽度和深度，也就是"Big N"和"Big D"，前者指的是数据的样本数量非常多，后者则强调每一个数据触点的颗粒度非常细。网飞积累的大数据正好两者兼具。

其次，网飞培育出来的人工智能的推荐水平也已经上了好几个台阶。早期比较粗糙的算法主要根据用户过往的使用信息来预测用户未来的偏好。如果你在网上搜索了一次洗衣机，洗衣机的广告就会如影随形地总在你的电脑屏幕上跳出来；如果你点了有关历史的文章，就会不断收到推荐给你的与历史相关的文章。网飞培育出的算法更智能，因为它不仅对每个用户观看视频的历史有更为仔细的观察和分析，因此更了解个体用户的偏好，同时它积累下来的亿万用户的视频观看历史有助于它更好地对用户进行分类，找到相互关联的特征。这两点加在一起，使网飞能对每个用户做出更好的推荐。

更为智能的推荐改变了网飞，也改变了整个电视行业的商业逻辑——从依靠每个用户自己搜索转变成向每个用户进行个性化推荐。

推荐比搜索更有效率，因为个体的视野和经验都有局限，推荐却可以基于千百万人的选择，挖掘出你根本没有想到过却能打动你的内容。

推荐也让小众的电视剧变得有市场，只要能精准地找到喜爱它的人群。有了深入的用户洞察，网飞按照品位和兴趣把亿万用户分成大约 2000 个人群，针对每个人群进行不同的推荐。网飞拍过一季评论家认为很"水"的肥皂剧，却深受少男少女的喜爱，就是一个例证。网飞也开始挖掘一些曾经叫好但不叫座（收视率不高）的剧集拍摄续集，因为它比普通电视台更有能力找到精准的用户，因此不用担心收视率。

这种对用户的洞察也让网飞能够更精准地判断某一个原创剧集该花多少钱投资，通过分析某一个剧集对特定用户群体的覆盖、吸引和挽留的情况，从而计算出合理的成本。此外，因为推荐更为智能了，网飞也很少会引导用户去观看他们所属的人群不爱看的节目，所以很少有人会因为看到自己讨厌的节目而对网飞失去信任。

数字经济时代的订阅经济逻辑

网飞带来的改变还远不止于此，它也是数字经济时代企业拥抱订阅经济逻辑的典型。

订阅经济逻辑的一个简单的定义就是：一家运营良好的企业每年一开年就能锁定 70% 收入的商业模式，因为至少有 70% 的订户新的一年还会继续付费使用企业的服务。订阅经济逻辑并不是什么新概念，一百多年前报纸和杂志就开始依赖订户收入，HBO 这个完全不插播广告的有线电视频道更是绝大多数收入都来自订户。了解订户、锁定订户，增强订户黏性，是订阅经济商业模式的关键，这一点大家都懂。

网飞带来的改变是把大数据和人工智能应用到与付费用户建立强关联之中，它的成功也代表了订阅经济逻辑在数字经济时代的强大吸引力。

订阅经济逻辑要求企业的商业模式从贩卖商品向提供服务转变，网飞就是一个很好的例子。网飞关注的不再是能卖给用户多少部片子，或者用户会看多少部片子，它专注的议题变成：用户需要什么节目？怎么做才能长期可持续地不断满足用户的需求？

订阅经济逻辑推动了很多商业模式的改变。

比如，网飞不再需要去做市场调研了。传统电视节目制片商之所以要至少看一集样片再定夺是否预订一季剧集，是因为看样片类似市场调研，可以分析焦点小组的反馈，也可以让经验丰富的高层凭感觉对剧集的前景做出判断。有了大数据分析之后，网飞对用户喜好的预测变得更精准，也就没有必要再去做市场调研。这也是为什么从《纸牌屋》开始，网飞再没有看样片这一习惯的原因，因为它已经完成了数字化转型，对每一个用户的观看行为的追踪与分析都是它的实时市场调研。

网飞也很少做广告，因为最重要的卖点需要用户自己去体验，有什么比周末坐在沙发上看完一季《纸牌屋》那种酣畅淋漓的体验更有说服力呢？

订阅经济逻辑也让网飞能够挑战好莱坞的最后一个传统商业逻辑——我们姑且称之为"大片经济学"。大片经济学是好莱坞各大电影公司的主流商业逻辑，它们愿意花大价钱投资拥有炫酷特效的电影，也特别钟情于不断拍诸如《星球大战》这类大片的续集，因为他们希望大片能成为票房的吸金神器。不过一旦判断失误，大片成为"票房毒药"，亏损也会大得惊人，所以电影公司投资影片越来越小心谨慎，风险偏好日益保守：要么是特效与大牌的杂烩，热闹却没有深度；要么就热衷于续集，因为有前传的辉煌打底。2018 年，好莱坞制片量最大的电影公司华纳兄弟只推出了 23 部影片，而最赚钱的电影公司迪士尼只有 10 部；相比之下，网飞制作了 100 多部原创电影或电视剧，甚至美国前总统奥巴马及其夫人也与网飞签订了内容制作协议。

制作数量如此多的节目，是为了满足 2000 个口味不同的观众群体的需求。相对于大片经济学，网飞代表的是"菜篮子效应"。大片风险高，"菜篮子效应"能确保表现超出预期的剧集能补贴不叫座的片子带来的损失，从而分散网飞在原创内容上大手笔投资的风险。

更重要的是，网飞一旦不再被拍大片的逻辑束缚，它可以拍摄的原创剧集的范围就变得开阔得多，题材也丰富得多，因为它的内容不需要吸引大多数人的眼球，只要接受推荐的特定人群叫好就行了。这也是为什么网飞很早就能够拍出像《女子监狱》（*Orange is the New Black*）这样题材尖锐却评价很高的剧集。同样，这也是为什么只短短几年，网飞的原创剧集在争夺艾美奖等奖项上就可以和 HBO 分庭抗礼。

　　而网飞之所以要拿出至少 120 亿美元来制作原创内容，也是为了满足订阅经济逻辑的要求：一方面为了有跨度足够宽的内容来吸引新的付费用户；另一方面也为了让老用户能够尽可能继续付费，因为随着网飞"菜篮子"里的多样化内容越积越多，对于付费用户而言，它的价值也就越来越高。

数字经济时代的转型样本

　　怎么定义网飞的转型？它从一个传统的视频流媒体分发渠道商变成了视频内容的原创者，背后却有着一致的逻辑：在渠道商阶段它就已经积累了最为重要的数据资产——用户行为大数据，和基于大数据为用户提供推荐的人工智能，而它的转型，就是为了更好地利用这一数据资产。所以它选择跳过好莱坞电影公司和其他各类传统电视网络，直接切入内容的制作，让它的算法工程师和好莱坞的艺人一起打造满足不同人群口味的各类内容。

　　"网飞经济学"证明，数据经济的最大魅力，就在于利用大数据和人工智能挖掘出的对付费用户的洞察，勾兑出个性化市场推广的魔力药水。而网飞数字化转型的魄力也在于此：它敢于突破常规，围绕大数据、人工智能和订阅经济重新塑造视频行业的商业逻辑。

　　再来回答开篇提出的第二个问题：为什么网飞能够如此大手笔地把所有的收入都投入到原创内容创作之中？因为遵循订阅经济逻辑的企业与传统企业相比，最大的不同就是拥有持续滚动的订阅收入。为了投资未来、吸引更多的订户，也让更多既有用户持续满意，亏钱也要投资内容甚至长期不挣钱反而是其当下最理性的选择。

传统会计核算是对过去的盘点，这也是为什么网飞这样遵循订阅经济逻辑的企业，从传统会计的角度看，根本不盈利。不过，换一个视角，如果从网飞未来一年收入增长的前景去计算，它当下的大手笔投入并不疯狂。

甚至，为了追求未来有更多稳定持续滚动的订阅收入，不断提高投入反而是最正确的商业决策。高盛就预测，到 2022 年，网飞每年在原创内容上的投资可能会高达 225 亿美元。如果这一预测准确的话，意味着网飞一家在线视频流媒体公司制作原创内容的投入就能赶上美国所有传统电视公司目前在娱乐内容上的支出总和。

网飞是企业在数字经济时代的转型样本。这一转型涉及三方面，可以简单地总结为数字化转型、人工智能应用与订阅经济逻辑。

首先，企业需要意识到它的数据资产是它未来最大的财富。为此它必须转型构建一套搜集用户数据的体系。

其次，如何从数据资产中挖掘出对数据的洞察，成为企业转型的关键点。为此它必须充分利用企业大数据和其他相关大数据（比如社交媒体数据），培养人工智能，更精准地分析、梳理和判断用户的需求。

第三，订阅经济逻辑变得更有吸引力。企业商业模式的重心需要从售卖商品向服务与体验转变，超越简单的交易而与客户建立牢固的关系，因为只有服务好客户，才能持续发展。

活在 AI 时代
——四本书读懂人工智能

《经济学人》曾经有一期很经典的封面，封面将全球各大高科技平台企业如谷歌、亚马逊等描绘成正在采油的钻井。寓意很明显，在数字经济时代，大平台正在开采数字化的石油——大数据，而开采出来的大数据则用于 AI（人工智能），因为 AI 将会是数字化时代的电。

也有人用"狂歌热舞"（DANCE）这个词来形容 AI 主导的数字经济时代。DANCE 是五个英文词的缩略语，分别是大数据（data）、算法 / 人工智能（al-gorithms/AI）、网络（networks）、云（cloud）及硬件呈指数级的性能改善（exponential improvements in hard-ware）。其实 DANCE 的五项要素缺一不可，恰恰是大量数据产生，算法不断更新，移动互联和未来的物联网让连接无所不在，云端让数据的存储和使用更方便，再加上硬件的不断更新升级，推动了这样一个科技以几何级数增长变化的时代。而数字经济时代的五项要素中，AI 是贯穿始终的应用技术，也成为当下各个领域跨界研究的显学。

要理解 AI，除了从技术角度出发，了解机器学习神经网络等前沿技术的发展之外，也需要站在更广阔的领域，从多种不同视角去观察和分析。2018 年有四本书从不同的角度剖析了 AI 的特点，联系起来勾勒出清晰的 AI 发展与应用的图谱。这四本书分别是从数字工程师的视角看待 AI 发展的 *AIQ*、经济学家分析 AI 作为一项通用技术将给商业带来改变的《预测机器》（*Prediction Machines*，国内译本译作《AI 极简经济学》）、咨询师眼中 AI 当下的应用场景《人＋机器》（*Human+Machine*，国内译本译作《机器与人》），以及在国内很畅销的麻省理工学院物理学教授迈克斯·泰格马克（Max Tegmark）畅想 AI 未来的《生命 3.0》（*Life 3.0*）。

把商业问题变成预测问题

之所以说 AI 是未来的电，是因为 AI 和电力一样，将是改变工作和生活方方面面的一项通用技术。如果用简单的供求关系来分析：当一项技术变得够便宜，就会带来足够多的新应用；此外，当一项技术变得够便宜之后，跨界的应用也会不断兴起。电力作为工业经济时代的通用技术就是如此。

1800 年，美国首任总统华盛顿退休后居住的别墅一年需花费

10000 多美元购买蜡烛照明。100 年之后，同样一栋别墅一年的照明费用只有 100 年前的 1/400。这是新技术变得日益便宜之后带来的普及效应。华盛顿时代，只有富人晚上才能点得起蜡烛夜读；电力普及时代，任何一个大都市的家庭都不会为电费而烦恼。

《预测机器》的三位作者都是来自多伦多大学管理学院的教授，他们认为 AI 就是下一个通用技术，而 AI 越来越便宜，带来的最直接效果就是"预测"的成本将越来越低，从而给商业流程和商业模式带来全新的变化，就好像 100 多年前电的普及一样。

如果说 AI 的最大特点是更好地解决预测问题，那么商业模式创新就需要把商业面临的各种实际问题转化成预测问题来思考。比如说，无人驾驶是不是可以看作预测问题？又比如说，翻译是不是预测问题？

回答都是肯定的。在 AI 看来，无人驾驶就是培养机器使其能够更好地去预测一个经验丰富的老司机如何应对各种复杂多变的道路情况。换言之，如果机器能够很好地学会老司机们适应各种不同环境、应对道路上各种突发情况的能力，那么就能很好地解决无人驾驶问题。这也是共享出行企业能在自动驾驶领域有所作为的原因——因为可以捕捉大量司机的驾驶行为，并以此培养无人驾驶 AI。

翻译也可以看作一种预测问题。AI 出现之前的机器翻译，强调的是如何自上而下，从规则的角度让机器理解语法，也是逐词对应的翻译。AI 处理翻译问题，同样可以转化成预测问题：预测一个资深的翻译会怎样翻译处理一个词、一段话、一篇文章。从词上升到句子，再上升到段落，还要处理语境，这样机器处理语言的方式就和以前完全不同了，机器翻译的准确度也会显著提升。

举两个更好的预测可能改变流程或者商业模式的例子。

在医学领域，X 光和 CT 这样的检查，是帮助医生判断病人是否有肿瘤的重要依据。当医生无法确定肿瘤是良性还是恶性的时候，需要对病灶做生理切片检查的小手术。如果 AI 分析检查片子的能力增强，预测肿瘤的准确度提高，手术的必要性会越来越低。

更准确的预测可能颠覆整个电商领域的商业模式。如果电商可以准确预测消费者的需求，商业模式会有什么变化？目前，电商已经可以比较准确地预测一定区域内用户对一些大宗商品比如肥皂或洗衣粉的需求，并因此可以在靠近社区的仓库中提前布货。未来，如果预测的准确度进一步提升，像亚马逊这样的电商巨头很可能不再需要用户在线搜索下单，而是直接把用户需要的商品送到用户家里。因为预测准确度非常高，配送 10 件商品至少有 9 件满足用户的需求，亚马逊只要做好 1 件商品的退货服务即可。

人人都要培养 AIQ

如果说 IQ 用来测量一个人的智商，EQ 用来评价一个人的情商，那么 AIQ 就是评价一个人对人工智能的认知。*AIQ* 的两位作者都是数字工程师，他们认为要适应未来"人＋机器"的工作场景，每个人都需要培养 AIQ，提升对 AI 的认知，以便更容易适应科技快速迭代改变的未来。此外，要使人类有能力监督 AI 在"人＋机器"的协作中成为关键的一环，其前提也是必须对 AI 和数据科学有基本的认知。

培养 AIQ 首先要建立对当下 AI 发展的认知。很多人把 AI 看得神秘莫测，的确，现在 AI 可以做很多神奇的事情，比如图像识别、语音识别、辅助驾驶、自动翻译等，甚至在一些情况下做得比大多数人还好。但目前的 AI 仍然不具备人类的聪明才智，它只听得懂一种语言——数字。

AI 可以处理各种信息，只要输入的指令是数字就行。所以 AI 系统要起作用，需要将各类不同的输入都变成可以处理的数字语言，数据工程师把这种过程称为"特征工程学"，比如把图像和语言的数字特征提取出来，变成机器听得懂的语言。

以自然语言识别为例。以前处理语言的思路是自上而下的编程思路，希望灌输给机器所有的语言规则，同时穷尽任何特例。结果几十年来，语言识别都没有大的进步，因为语言太随意、太复杂了。AI 的自然语言识别完全走了另外一条路，让机器做它最擅长的事情——找到文字与文字之间的相关性。机器回答的是一个最基本的问题：能不能让意思相同的词，其对应的数字也类似？当机器可以给每个单词和词组一个描述性的数字后，就可以用数字的加减乘除来帮助它做出正确的判断。比如说，如果问机器一个问题：英国的伦敦，对应的词应该是意大利的什么？机器就可以这么计算：伦敦－英国＋意大利＝罗马，因此得出罗马这个正确答案。

现在的 AI，无论是亚马逊的 Alexa，或者苹果的 Siri，都并不懂得语言的含义，却能准确判断文字之间的相关性。不究原因，只强调结果。AI 能带来高效率，而我们暂时不用担心它会和我们有一样的智慧。

这也是培养 AIQ 的第二个要点：不用过早担心 AI 是否会取代人类。因为现在的 AI 发展距离通用人工智能（AGI, Artificial General Intelligence）、距离赶上人类的智能还很远。数字工程师现在要花 90% 的时间处理数据，把非标准的数据变成机器可以读懂的结构化数据，只有 10% 的时间用在推进 AI 的发展上。因为 AI 只听得懂数字，无论是对图像还是文字的识别，都是找出它们的数字属性，然后做它最擅长的事：快速地计算并找到准确的关联。

培养 AIQ 的第三个要点：理解人与现在的 AI 相比到底有哪些优势和劣势。

十几年前，时任美国国防部部长的拉姆斯菲尔德曾经特别就美军在伊拉克面临的风险做过一个四象限图的分析，分别是美军知道美军自己知道的风险（已知的已知），美军知道美军还没有掌握的风险（已知的未知），美军并不知道自己已经掌握的风险（未知的已知），以及美军根本不知道自己还不知道的风险（未知的未知）。

如果以美国掌握的全球恐怖主义信息为例：第一种风险是美国知道本·拉登建立了基地组织；第二种风险是美国知道自己并不知道本·拉登基地组织的目标到底是什么；第三种风险是 CIA（美国中央情报局）已经知道与本·拉登相关的人曾经在美国学习飞行，并且再次入境美国，但是并没有就这一重要信息做出分析，因此美国的决策者并不知情；第四种风险则是美国根本无法预测 2001 年纽约的"9·11"事件会发生。

同样，套用这四个象限分析，也可以清晰地分辨人与机器之间的差别。

应用场域最广的是"已知的已知"领域，即有着大量数据，而我们也很清楚地知道如何做出好的预测的领域，比如防欺诈、医疗诊断等。在这些领域 AI 已经大规模取代人，因为机器从大数据中找出相关性的速度比人快得多。

如果反思一下 2008 年的金融危机，首要问题是为什么评级机构当年没有看到次级债（CDO，担保债务凭证）的风险。答案并不是因为评级机构当时没有充足的数据。症结在于他们设计的风险模型中并没有考虑到不同市场价格变动的相关性，比如纽约和芝加哥的房价同时下跌给 CDO 带来的风险。有了 AI 就不再会出现这种问题，因为可以从更多的维度对数据做出分析。

"已知的未知"领域将仍然是人的领地。这个领域并没有大量数据，无法帮助 AI 做出好的预测。相反，人却能利用小数据来举一反三。当然这也恰恰是机器学习发展非常快的领域，如果机器能够学会如何像人一样学习，其智慧会进一大步。

在"未知的未知"领域，人和机器都束手无策。黑天鹅就是一种未知的未知，人和机器都很难预测。原因很简单，AI 从本质上仍然是利用历史数据预测未来。如果某个新物种，从来就没有人见过，又从何预测呢？比如，共享音乐平台 Napster 给 CD 行业带来的毁灭性打击就很难预测。

在最后一个领域，就是"未知的已知"领域，AI 和人一样容易犯错，而应用 AI 会带来更大的风险，因为 AI 可能飞快地将错误放大千百倍，让人来不及应对。所谓未知的已知，意思是我们已经能做出预测（不管是人还是 AI），却并不知道背后真正的原因，甚至有时候以为自己知道原因，其实却是错的。

国际象棋大师卡斯帕罗夫（Garry Kasparov）在《深度思考》（*Deep Thinking*）中就提到一个早期研究国际象棋的 AI 犯错的例子。AI 在看到大量棋谱后，发现很多象棋大师在牺牲王后之后，往往很快就能有致赢的后手，所以这种 AI 会开局就选择放弃王后。这就是在"未知的已知"领域犯错的例子，因为它把相关性错认为是因果性，把现象——好的棋手有的时候会丢弃王后——当作制胜的原因。

有了这四个象限的分析，人与机器的差别也就非常清楚了。简单重复的劳动，甚至一些中等的职位，比如起草标准合同的律师工作，都会被机器所取代，因为有着大量数据可以培养出强大的 AI；但是在探索未知领域，人类仍然有巨大的潜力。

人工智能与职场风险

乔布斯有句名言：电脑是思想的自行车。如果说电脑加快了思想的运算速度的话，AI 作为新一代的通用科技，又将如何推动思想的发展？它一定会让很多人从简单重复的劳动中解放出来，有机会让更多人释放出更多的创造力。

从这一视角分析 AI 可能给人的生活和职场带来的改变，就不必简单地去担心工作被自动化所代替，而是要从整个工作流程的角度看 AI 到底会给职场带来什么样的改变。和过去的技术迭代一样，AI 一定会取代一些工作，或者一些工作的一部分，但同时也一定会创造一些新的工作机会，或者把一部分既有工作变得更吃重——不同的是，这样的改变速度更快，频次更多。

先举一个商学院 MBA 录取流程的例子来看 AI 如何重塑工作流。商学院 MBA 的录取流程可以拆分成三个阶段，不同阶段需要配置不同的资源。第一步是推广，也就是鼓励学生申请，让更多潜在的学生了解 MBA 课程。第二步是评判，也就是对申请人进行筛选，通常需要大量人工去做。第三步是给出结果，尽可能鼓励合格的申请人接受录取通知书。一个传统的 MBA 录取流程，会在第二阶段配置大量有经验的人力，而且会限制推广，担心人力无法及时处理大量的申请。

AI 在商学院 MBA 录取流程中的应用会从第二阶段开始——培养出特别擅长对申请人进行筛选和评判的 AI。AI 替代手动筛选、评判申请人这一流程的同时，也可以让资源配置到其他流程中，比如没有了筛选的人力瓶颈，商学院会愿意加大市场宣传力度以吸引更多的申请人，甚至可能免除申请费，因为 AI 审核的成本接近于零。从这一角度去思考，AI 给商学院带来的改变并不是简单地替代某项工作，而是会重新安排招生三个阶段的资源分配。AI 给工作流带来的改变，远比简单的自动化要深远地多。

那 AI 会给未来的工作带来什么样的改变呢？

第一种情况，当工作的一部分职能被自动化了之后，工作本身反而变得更重要了。这在 PC 时代就曾经出现过。比如 Excel 的出现让财务的话语权更大，而不是让更多会计师失业。同样，工作的一部分被自动化会让那些需要更多人为判断的工作变得更重要，也更有价值。

第二种情况，机器的确会替代一些工作。比如说亚马逊分拣仓里的分拣员。亚马逊的物流配送分拣仓雇用了 4 万多人，因为人分拣货物仍然比机器更快。但是亚马逊也意识到，只要人存在于整个流程中，物流配送就无法完全自动化。亚马逊 2012 年收购机器人公司 Kiva 就是要向自动化迈出一大步。未来当机器完全取代人类分拣员之后，仓库就可以变成黑灯仓库，节约照明和空调的电费，而且机器可以 24 小时不停歇地工作，大大提升效率。

第三种情况，AI 会重塑一些工作，取代一部分职能，同时增加另一部分职能。比如说放射科医生。放射科医生主要的工作是解读 X 光片或者 CT 影像。现在机器已经可以做得很好了。但这并不意味着放射科医生的工作会被替代。他们的工作会发生大的变化：一方面，他们仍然需要向其他医生解释 AI 得出的影像判断；另一方面，为新的 AI 提供训练也是他们未来的工作之一。

第四种情况，则是一些工作的实质会发生改变。比如说，当自动驾驶被普遍应用之后，校车司机会失业吗？乍一看，答案是肯定的，因为车辆可以自动驾驶，不再需要司机。但事实上，校车司机还有一项很重要的职责，就是在车上维持秩序，确保孩子们的安全。所以，当司机开车的这项主要任务被 AI 取代之后，会凸显出另外一些重要的任务，比如说在校车上管理孩子。校车司机工作的实质发生了变化，但是并没有被取代。

当然，未来将会有更多"人 + 机器"的工作场景。在《人 + 机器》这本书中，身为埃森哲咨询师的作者就提出，人机协作在很多场景中会比由人或者机器单独完成工作要更有效。

《人 + 机器》把产业转型分成三个阶段：100 多年前从福特开始的标准化流程的转型；20 世纪 70 年代开始的数字化转型，也就是利用 IT 技术的自动化转型；而现在这一阶段是 AI 推动人机协作的适应性转型。标准化转型让批量大规模廉价生产成为可能；自动化转型通过流程优化和流程再造，让机器能够取代许多人的岗位，提升效率；适应性转型又有所不同，"人 + 机器"可以有很强的适应性，又可以根据实时数据做应对，推出小批量定制化的服务。

人机协作还会带来一些有趣的变化。人和机器会相互学习，机器可以观察人的一些动作，提升自己的能力；人也需要学习并适应与机器一起工作。人机协作也能增强人的能力，机器（AI）将成为人体的延伸，就好像智能手机变成了人大脑的延伸，又好像医生使用手术机器人一样得心应手。人机协作其实是解放人，让人能够从事人更擅长的工作和与人沟通交流的工作。

AI 的未来和适应 AI 的下一代

麻省理工学院教授泰格马克在《生命 3.0》的开篇就描述了一个超级智能"越狱"的"烧脑"剧情。泰格马克用一个形象的比喻来形容被人类控制的超级智能：就好像世界上所有 5 岁以上的人都死了，只留下你（超级智能）一个，你被一群幼儿园的孩子所禁锢，虽然他们仍然希望你能帮助他们重建家园。

《生命 3.0》是一本想象力丰富且逻辑推理严谨的著作，为 AI 大发展之后人与机器的关系做出了一种框架宏大的分析。泰格马克对 AI 的前景充满乐观，属于相信通用人工智能（AGI，也就是能够超越人类智慧的机器智能）有可能在我们有生之年出现的乐观派。

但现在还不是担心机器是否或者何时会发展出 AGI 的时候，因为还没有人能够做出对技术变化的准确预期。相反，恰如 DeepMind 的创始人所说：我们不应该担心 AI 夺走人类的工作或者替代人类，我们应该担心的是如果没有 AI，人类会变成什么样子？

有一个问题更迫切也更重要：AI 的应用到底是会促中心化还是去中心化？

一方面，从人类发展的历史来看，科技的发展一直在不断推动着人类的活动变得更加集中，从分散的部落到帝国就是一个中心化的趋势。AI 作为最新的通用技术，也一定会进一步推动中心化。AI 让集中处理庞大数据变得更容易、更便宜、更高效，还能不断提升自身的智能。因为数据越多，机器的处理能力就越强大。而另一方面，因为通信成本大大降低，普通人获取信息的成本大大降低，AI 的发展也让每个人可以获取的知识足够多、足够丰富，每个人因此有更强的判断力，每个人都可以被赋能。而当每个普通人能做出更好的决策的时候，他们的动力、灵活度和创新能力也最足。

无论是政府、企业还是社会组织，如果抽象分析起来，都是一种信息处理系统。AI 带来的改变到底会使信息系统更中心化还是更分布式，将是 AI 给未来经济社会发展带来的最大变数。

改变已经发生。大数据和人工智能催生了大型高科技平台企业，现在美国的谷歌、脸书、亚马逊、苹果和微软，加上中国的阿里与腾讯，雄踞全球十大市值最高企业的七席，每一个都富可敌国，每一个都拥有海量的数据，恰如本文开头提到的《经济学人》封面所呈现的，这些公司是镀金时代的"新石油大亨"。

AI 带来的中心化与分布式的辩论，放在企业发展的语境中去讨论，就变成了对于七巨头和它们身后第二梯队的 IT "巨无霸"们而言，AI 的发展是会加速它们的成长，从而让它们更加稳固自己的寡头地位，还是会让挑战巨头的颠覆力量此起彼伏，让创新得以不断持续？

目前看来，天平正在朝向中心化的一方。IT 平台巨头们已经构建了它们的版图，并且在自己的核心业务周围构建了"杀戮地带"，瓜分天下的野心昭彰。不过如果 AI 技术领域能有所突破，比如在"已知的未知"领域，利用小数据样本就能培养出有效的 AI，让大平台的大数据优势不再那么明显，未来的天平仍然可能转向分布式。

巨头的成长也形成了一套商业模式，值得注意。吴修铭在《注意力经济》(*The Attention Merchants*) 中就曾经描述，巨头之所以能够为大众提供大量免费服务，是因为注意力经济的商业模式——巨头吸引到的用户眼球可以换取可观的广告费用，谷歌和脸书两家企业几乎瓜分了美国在线广告市场。AI 的发展，让注意力经济快速迭代，相比眼球的商业价值，巨头所掌握的用户行为信息数据变得更重要也更值钱。

但是，这里也潜伏着未来人类可能面临的巨大风险。工业时代，对人类劳动异化的担忧，是担心人类成为流水线上的螺丝钉，重复着简单枯燥的劳动。数字经济时代，人类的"异化"有两点值得警惕：要么 AI 取代人类的工作，劳动者变得无关紧要；要么人类成为消费场域里的产品，就好像被驯化的奶牛一样，不断产出消费数据，供 IT 巨头们分析。两种结局，都无法充分挖掘人类的潜力，这是最大的风险。

在一个"人＋机器"的未来，要想充分调动人的自发性和创造力，同时保持人的灵活度，最需要重新思考的问题是：教育该如何变？培训该如何变？未来需要什么样的人才？"人＋机器"对于今天的孩子来说意味着什么？

《生命 3.0》中给出了部分答案：今天的孩子需要培养三方面能力——与人沟通互动和社交的能力；保持创造力，能够找到有效解决方案的能力；以及应对环境中不确定性的能力。

　　最后，我想补充一句，未来终身学习将变得更加重要，虽然 AI 不只是会消灭旧工作，同时也会创造新工作，但是未来新工作被改变、替代、重塑的速度会更快，频次也会更高，所以每个人都需要做好在未来重新选择工作的可能，重新塑造自己的技能，而这种重塑将不止一次。终身学习不仅需要保持好奇心和乐观的态度，还需要不断接受和挑战新知的毅力，这或许是未来人与机器的最大区别。

如何理解人工智能的未来？
——对话麻省理工学院教授泰格马克

《生命 3.0》是近来很火的一本畅想人工智能未来的书。该书作者迈克斯·泰格马克是麻省理工学院物理系终身教授，也是未来生命研究所（Future of Life Institute）的创始人。该组织汇集了包括史蒂芬·霍金、埃隆·马斯克、比尔·盖茨在内的 8000 多名全球顶尖人工智能专家，致力于规避高级人工智能带来的人类生存风险。笔者有幸与泰格马克教授进行了一场有趣的对谈，对未来人工智能的发展提出了许多有趣的观察。

《生命 3.0》的主旨是生命发展的三段论。"生命 1.0"的状态是生命之初的原生状态，虽然有生命，但说不上有思想。"生命 2.0"的状态就是我们人类的现状，如果用计算机语言来描述，我们的血肉之躯就是人类生命的硬件，是经过百万年的进化而来的，我们的头脑与思想却不是印刻在身躯之上，不是先天进化而来的，而是后天习得的。换句话说，我们的思想是可以被后天设计的，这就是"生命2.0"与"生命1.0"的区别。而且，随着科学技术的进步，从语言、文字到印刷术、现代科学，再到计算机、互联网，人类个体智慧之间的联系日益紧密，人类整体智慧的沉淀不再会被任何一个人大脑的有限容量所局限，这正是"生命2.0"的美妙之处，同时也为迈向"生命3.0"奠定了基础。

到了"生命3.0"的阶段，不仅软件可以被后天设计，硬件也是如此。生命不再依赖血肉之躯的进化，硅基（也就是基于硅片的）硬件也可以成为生命的载体。彼时，生命第一次可以甩掉血肉之躯，不再依赖生物的进化，而成为躯体的主宰。简言之，《生命3.0》中最重要的观点就是，机器可以和血肉之躯的人类一样，成为智慧的载体。而机器和人类最大的不同，恰恰在于机器的硬件不再受到进化的约束。《生命3.0》还有一句潜台词，即与人类相似的智慧，并不一定要依赖于自然进化出的人类大脑。机器的发明过程中有很多类似的例子，比如人类向往飞行，但人类设计出的飞机与大自然中的鸟类和昆虫都不同。

《生命3.0》是一本想象力丰富而逻辑推理严谨的著作，对人工智能大发展之后人与机器的关系做出了宏大的分析。泰格马克对人工智能的前景充满乐观，属于相信通用型人工智能（AGI）有可能在我们有生之年出现的乐观派。但是，他不同于技术乐观主义者，认为技术的进步就必然带来人类的进步，必然能让人类面临的问题迎刃而解；他念兹在兹的，是如何为人工智能的发展框定一些共识和规则，确保未来即使人工智能达到甚至超过人类的智慧，其目标也仍然会和人类的目标一致。

对于泰格马克提出的机器也会拥有智慧，并且可以让智慧不再依赖血肉之躯的观点，我持一定保留意见。目前已经有其他专家提出，智慧也许不仅仅与大脑相关，血肉之躯给我们带来的感官与反馈，可能与大脑一起作为整体共同促成了人类智慧的产生。如果真是如此，人工智能的发展步伐可能要慢不少。

尽管如此，泰格马克仍然提出了人与机器未来相处的一些重要问题，不论人工智能的发展比我们想象的更快还是更慢，人工智能在乘数效应的推动下会变得越来越强大，到了那时，留给人类试错的空间将越来越小。在人类研发出核武器之后，必须就限制核武器达成公约，因为核战争一旦打响，人类的家园地球就可能面临毁灭。核战争不会给人类第二次机会，人工智能也是如此。当它变得更为强大之后，我们将不得不考量它是否会给人类带来伤害，因而必须达成一定的操作规则来确保其目标与人类一致。

地球历史上有太多降维打击的例子。非洲西部黑犀牛在2011年的灭绝就是一个晚近的例子，根本原因是有着更强大智慧的人类的生存目标与黑犀牛的已经相去甚远。以此类推，当AGI超过人类的智慧时，如果他们的目标和人类生存的目标发生了偏差，人类灭绝可能是大概率事件。所以，人工智能的发展必须由人类来确定方向，其中有两点特别重要：第一，我们要确保人工智能的稳定与安全，一方面尽可能降低人工智能犯错和宕机的可能，另一方面则是要确保人工智能不会被黑客操纵；第二，人工智能必须可信，这是人工智能研究中的一个热点问题。

让人工智能理解人类的目标分成三步：学习、采用、保持。但是，就人工智能研究的现状而言，它们可以观察到的人类的行为和目标之间并不一定有明确的关联，从大量的行为中去了解真实的目标并不容易。《生命3.0》中举了一个例子：看到消防员去着火的房子里救一个女孩，人工智能会理解为是消防员愿意为女孩的生命献身，也会理解为消防员很冷，要去着火的房子里取暖。我们如何让人工智能形成正确的判断，理解人类行为背后可以意会却并不言传的一些想法，是确保人工智能未来与人类目标一致的第一步。

我向泰格马克提出的一个问题是：人工智能未来更可能推动中心化还是去中心化？他的回答很有意思。一方面，从人类发展的历史上看，科技的发展的确不断推动人类变得更集中，从分散的部落、村落，到市镇、都市、帝国，其实是一个逐渐中心化的趋势。AI作为最新的通用技术，也一定会进一步推动中心化的趋势，让集中规划变得更有效率。但另一方面，AI的发展也让每个人可以获取更多的知识，每个人都将有更强的判断力，每个人都可以被赋能。从这一视角出发，去中心化的确有它的价值。所以最终AI将如何博弈，尚待观察。

对谈还涉及有关赛博格（Cyborg）也就是人机合体的问题。我问泰格马克教授，如果"生命 2.0"是我们现在的模式——肉身是硬件，思想是软件，而"生命 3.0"是未来的某种可能，我们不再需要肉身，可以设计新的躯壳，思想作为软件可以更好地传递和分享，那么人机合体的生化人会是中间的一个阶段吗？

泰格马克与埃隆·马斯克很熟，也了解马斯克等人创办的研究人机合体的企业 Neuralink。他一方面认为人机合体作为一种科学实验能有多大的发展前景尚值得观察；另一方面他也认为，人与机器最大的区别在于人脑作为大自然的进化物是受到很多局限的，包括必须自给自足、自我复制、带宽有限等。但机器则不同，且不说生物与物理的接口（血肉的神经如何与硅基的芯片结合）不容易实现，让有很多局限（比如带宽）的人脑与芯片结合本身是否有意义，也很值得商榷。

我们对谈中最重要的问题是，在迈向 AGI 的过程中，有哪些重要节点值得我们关注。泰格马克的分析十分有趣：其实我们可以从人与猫的智能的差别中得到启示。猫和人一样，有复杂的神经网络，可以比机器更好地手脑协同（脑爪协同），能够体察外部环境并做出反应。猫与人最大的区别在于猫没有逻辑思维能力。反观机器学习的历史，首先是人所主导的基于逻辑的编程和算法，然后才是这一波基于神经网络的 AI。下一波，如果能把逻辑思维与神经网络的机器学习结合起来，则有可能推动从猫到人的突破，也就是机器智慧的突破。

既然提出了"生命 3.0"这一概念，泰格马克是否愿意亲身实践？

对于这个问题，泰格马克的回答是否定的，"除非我病入膏肓，没有其他任何选择"。这个回答有些出人意料，可见即使是泰格马克这样对未来充满乐观的研究者，仍然和大多数人一样——面对充满不确定性的未来，仍然会选择保守的视角。

区块链能否塑造新的数据隐私观？

2018 年 3 月，两家全球顶尖的 IT 公司都被推上了舆论的风口浪尖。剑桥分析公司（Cambridge Analytica）可能非法获得 5000 万脸书客户数据，并运用基于客户数据分析的精准营销宣称帮助特朗普赢得了 2016 年美国大选。这一消息迫使脸书的扎克伯格不得不道歉，并同意到国会接受质询。几天之后，百度的李彦宏在一个论坛上表示"中国人可以更加开放，对隐私问题没有那么敏感，如果他们愿意用隐私交换便捷性，很多情况下他们是愿意的，那我们就可以用数据做一些事情"，同样引起轩然大波。两则新闻的焦点都是：在数字经济时代，到底应该怎样保护每个人的数据隐私？更进一步，它们也在拷问一个重要的问题——用隐私数据换取免费服务的数字平台商业逻辑还走得通吗？

如果把这两则新闻与当下的"区块链热"结合起来，不难发现，直到现在，我们提出的问题都是"个人该怎么保护数据隐私"，而这个问题本身可能就问错了。

首先，究竟什么是数据隐私？

数据隐私有很多种。欧洲几年前就针对谷歌这样的搜索平台提出每个人应该有数字的"遗忘权"。举例来说，如果你在少不更事的时候做了一些傻事，上了一则新闻，等到40岁早已成家立业之时，你其实很希望自己年轻时干过的傻事不要被搜索出来，希望自己曾经的过失能够被社会所遗忘。在没有互联网的时代，每个人都有这样"改过自新"的机会，不用像小说《红字》中那样一直背负着年轻时犯下的错误。互联网时代为什么就不可以了呢？

另一种数据隐私，也是在欧洲被广泛讨论的，就是个人隐私数据的"携带权"。举个例子，如果我是脸书的用户，当我决定不再使用脸书时，我是不是可以把我在脸书上发生的所有数据历史带走，不再被脸书使用呢？

而在上述脸书和百度事件里，探讨的其实是每个人的私人数据到底应该在什么样的范围、什么样的规则下被使用的问题。换句话说，即如何确保私人数据不被互联网平台滥用的问题。

但是，在数字经济时代，数据隐私很大程度上成为一个伪命题。如今，每个人无时无刻不在留下大量的"数字尾气"。这些数据一旦产生，就成为一种存在，无论是遗忘还是携带，都非常困难。同样，因为脸书、谷歌、亚马逊、淘宝、微信及百度这样的数据大平台的出现，数据平台的商业模式已经变得特别成熟——用免费的服务换取用户的个人数据，通过不断提供服务尽可能多地搜集用户的信息，给用户绘出精准画像，然后依靠广告和提供精准营销来盈利。如果没有全面的规则和严格的监管，大平台非常可能"滥用"个人数据。

这个时候，我们就需要转换观念，改变传统的数据隐私观，不再去考虑过去所说的"数字安全"，也就是不再奢望自己的数据隐私能够被隐藏起来。反过来，我们应该强调数据的完整性，这个概念英文叫作"Data Integrity"。如果能保护数据的完整性，就能防止个人隐私数据被滥用，同时又能让个人隐私数据能够被有效地聚合起来使用。

比较一下数据安全和数据完整所代表的不同隐私观，你就会发现为什么后者更有用了。

数据安全的追求者希望自己的信息是被隐藏起来的，但在数字时代，大的数据平台的商业模式就是建立在对你的数字隐私的了解之上，并直接或者间接地利用你的隐私数据赚钱，这样的情况下，隐藏和安全基本上已经无法实现了。数据完整则不同，它首先基于数据开放这一前提，即每个人的信息一旦上网就无法隐藏。数据完整甚至强调私人信息就应该是公开透明、被广泛使用的，但并不是所有人都能看到你的私人信息。数据完整关注的是你的信息不会被篡改，以及你的信息在没有你本人授权的情况下不会被不相干的人查询的安全。

数据完整意味着制定一套规则，让你愿意分享你的隐私信息。比如说，你愿意向医生和药剂师公开你的病史，而不会担心病史被篡改或者被不相干的人看到。医生看到你的病史就可以在诊疗时更好地做出判断，而药剂师看到你的病史就能确保用药安全，避免可能致命的过敏或者其他用药安全问题的发生。

区块链给出了贯彻这一原则的一种可能的方向。

爱沙尼亚建设的部分基于区块链技术的 X-Road 就是一种开创性的数据公共基础设施。首先数据的存储是分布式的，数据存储在本地，而不是在一个中央的服务器上或者一个集中的平台上。所有的个人数据都存储在本地，只有经过验证之后才可以查找、分享，而且每一次被查看都有记录可循，个人可以决定哪些数据对哪些人在哪些情况下公开。爱沙尼亚的法律规定，未经允许查看别人的记录是违法的行为。目前，X-Road 应用在立法、投票、教育、司法、医疗、银行和税务等各个方面。比如，学生买门票时，系统会自动验证学生的信息，允许门票打折；又比如，两个不同专业领域的医生为同一个病人开药，如果两种药可能发生冲突，系统就会立刻提出警示。

当然，爱沙尼亚虽然是数字化的先锋，但它只是一个 130 万人口的小国，它的数据尝试只能说是一个非常小范围内的试点。相比之下，拥有十几亿用户的脸书是一个跨国的"巨无霸"。这样的数字巨无霸能采用区块链来保证数据完整吗？

有可能，但并不容易。

首先，区块链的本质是去中心化的，而脸书这样的大平台的本质是中心化的，它所搜集的用户个人信息是集中存储的、不开放的，它与用户签署的冗长的数字协定带来了"灰色地带"，使其可以"灵活"地使用与分析用户的数据。如果采用分布式存储的方式，用户的私人信息都存在本地，脸书及它的各种商业伙伴要调用客户的私人信息必须首先得到用户授权，并且会留下记录，这无疑是在革既有数字平台商业模式的命。

其次，如果脸书这样的平台接受去中心化或者类似数据完整性规则的约束，这些平台都将会变成像自来水或者下水道那样的基础设施，不再可能享受现在相对垄断地位带给它们的丰厚利润。

但是，恰恰是区块链的兴起，使得在数字巨头的寡头统治下找到一个切入的缝隙成为可能。如果区块链真的能成为未来互联网的大势所向，强化数据完整可能是它带来的最大的一笔福利。这将是一个鱼和熊掌兼得的结局：一方面，每个人不再需要担心个人的数据被滥用；另一方面，从科研到医疗到社会服务的方方面面，都可以合理去使用聚合海量用户信息的大数据集。这一转变将会为数字经济时代奠定长期繁荣的基础。

互联网平台需要拥抱"公共精神"

过去五年，全球互联网平台高歌猛进。自 2013 年以来，美国科技股所谓的"大獠牙帮"FAANG（脸书、亚马逊、苹果、网飞、谷歌）加上微软，贡献了标普 500 指数企业总市值增长的约 37%。同期，中国企业市值的上涨约有 28% 来自两家公司：阿里巴巴和腾讯。

但是，自 2018 年下半年开始，"大獠牙帮"的市值大跌 1.13 万亿美元，脸书的市值从 2018 年 7 月的最高点已下跌了三成。而对互联网平台经济发展模式的反思讨论一时也多了起来。

"BAADD"

互联网巨头被贴上了"BAADD"的标签。

什么是 BAADD？

首先是大（big）。全球互联网巨头在过去几年快速发展，变得富可敌国，而且因为网络效应，它们很可能变成行业内的寡头，赢家通吃。

其次是抑制竞争（anti-competitive）。随着人工智能和大数据的赋能，高科技巨头挖掘出"网络效应 2.0"的版本。它们能够从平台上洞察先机，从而构建起各自的"杀戮地带"。创新与创业的时间和空间都可能被极大压缩，被收编或者被碾压成为很多新创企业的宿命。

第三是上瘾（addictive）。这也使很多人质疑巨头到底是在给消费者提供便宜甚至免费的服务，还是在把消费者打包成商品卖给广告商。两者区别巨大，也决定了巨头对上瘾的态度。

第四是危害民主（destructive to democracy）。突出的一个例子：脸书到底在特朗普"通俄门"事件中扮演了什么样的角色？这也代表了一种对互联网发展 20 年的共同反思——互联网到底是有助于公民社会的发展，还是给公民社会带来了更多伤害？

面对的问题

从 BAADD 的分析中不难看出，人们对于互联网巨头疑虑丛生。互联网平台经济面临的最大挑战并不是它们的成长性出了问题，相反，恰恰是因为它们一心谋求飞速发展，反而暴露出两大问题。

第一大问题是随着平台经济的崛起，移动互联网平台具有的天然垄断与抑制竞争的态势显现出来。

首先，平台决定了流程如何设计，交易如何执行，控制了用户界面和用户体验，因此也决定了用户会获得什么样的信息。这也意味着，平台另一端的产品和服务提供商与平台议价的能力越来越弱。

其次，数字经济平台有着天生的趋于垄断的倾向。巨头不只是在市场上竞争，它们正日益变成市场本身。平台成为数字经济不可或缺的基础设施。平台上的许多服务看似免费，但用户在交出自己的数据时实际就在付费了——大数据成了获得平台服务的货币。现在的互联网平台已经掌握了海量的数据，比如个人行为数据、社交图谱、定价信息、购买习惯等。例如，脸书不仅拥有世界上最丰富的个人数据，还有最大的社交图谱——用户名单及用户之间的联系；亚马逊掌握的定价信息比其他任何公司都多；而美国90%以上的网络搜索用的都是谷歌。

平台在搜集海量数据的同时，也在构建各自的围栏，挖掘数字鸿沟，圈起自己的大数据。以囤积用户大数据为核心竞争力的商业模式可能有利于平台，却不一定有利于社会，因为它无助于整体社会共享利用大数据的红利。

再次，巨头正在构建自己生态圈周围的"杀戮地带"。年轻的创业公司进入后，可能极难存活。科技巨头或者会抄袭这些创业公司，然后击垮它们；或者把它们收入囊中，提前扫除威胁。由于亚马逊、脸书和谷歌的霸主地位，任何与消费互联网有关的业务都已被视为危险地带。一个典型的例子是短视频社交软件 Snap。2013 年 Snap 拒绝了脸书 30 亿美元的收购，之后脸书克隆了 Snap 的许多热门功能，打压了它的发展。

现在巨头已经圈起了各自的势力范围，在搜索、社交媒体、数字广告、电子商务、智能手机和智能音箱、云计算等各个方面，巨头都已基本完成了圈地。以往创业公司可以领先好几年开发新产品而不为巨头注意，但是现在的创业公司只有 6 到 12 个月的领先期，随后，既有企业便会迅速赶上。

总结来看，这几点其实强调了一个问题：平台掌握了海量的大数据，巨头构建的平台已经是数字经济时代不可或缺的基础设施。平台把盈利放在第一位，它们有动力去构建数字围栏，却不一定有动力去推动数据的共享。它们的确为消费者提供了更便宜更好的服务，但是面向未来，它们却可能抑制创新。

第二大问题，互联网的公共属性被侵蚀。

互联网的初心是去中心化。20 年前，人们畅想的是互联网能够推动人与人的互联与互通，推动知识的分享与传播，挖掘集体的智慧，成为公民社会自组织的平台。但是现实的发展，尤其是过去几年的发展，却走到了公共性的反面。集中表现在假新闻的泛滥、圈层化的加剧与只见消费者不见公民。

先来谈假新闻的泛滥。

假新闻的问题其实一直都存在，只是社交媒体加速了传播。2016年俄罗斯利用脸书散播假新闻影响美国大选，让更多人意识到假新闻的危害。不过，我们需要看到的是，一方面，广义的假新闻，也就是"标题党"、耸动性新闻、夹杂着不真实信息的资讯，在当下都有刷屏的风险；而另一方面，传统媒体已经日益边缘化。巨头攫取了新增数字广告的大头，比如脸书和谷歌这两家公司控制了美国在线广告收入的三分之二，传统媒体赖以生存的广告收入遭遇断崖式的下跌。在这种背景下，广义的假新闻就可能劣币驱逐良币，因为提供资讯的门槛降低了，也因为社交媒体平台给予了更多人以精准分发信息的工具。

更严重的是，传统媒体的没落恰恰正值"互联网原住民"成长的时代。年轻人更难以辨别信息的质量，他们没有建立起对权威消息来源的信任。他们的阅读习惯发生了变化，更依赖社交媒体和搜索，也更容易被个性化营销。这与前几年老年人面临的数字鸿沟一样危险。

广义的假新闻泛滥也可能加剧圈层化。圈层化的意思就是每个人都乐于待在自己的舒适地带，和与自己类似的人交往，没有机会也缺乏动力跨界与其他阶层的人沟通。因此整个社会的流动性大大衰减。

首先，因为传统媒体的式微，媒体所扮演的传统"守门人"角色也被淡化，每个人都可以拥有自己的信息分发渠道，更多机构可以利用大数据和算法为消费者提供定制化的资讯。在"你需要知道的"与"你想要知道的"两者之间，如果"你想要知道的"资讯唾手可得，那很多人就很难走出自己的舒适地带。有研究发现，即使在20世纪60年代的英国，人们也会选择收看契合自己文化偏见的电视节目；在数字经济时代，强化这种偏见的趋势更是急剧加强。

其次，定制化让我们缺乏共同的经验，从而让协作变得越来越困难。协作的前提是了解别人，了解不同人的出发点。如果我们获得的资讯变得狭隘，我们的视野也会变得狭隘，狭隘的人协作起来会更加困难。

再次，虚拟交互替代真实世界的交互。这也是一个全球都在面临的新现象。无论是在线买买买还是虚拟交流，我们更容易在线上获得满足，而代价则是在真实世界中，人与人互动的机会大大减少。甚至有专家担心，数字时代的"原住民"会不会正在退化，逐渐失去人与人交互的能力。社交媒体让很多人对现实的世界有了隔膜，甚至产生恐惧，也让很多人不再理解真实世界里人是如何交往的。"宅"变成一个全球性的话题。美国有三分之一30岁以上的年轻人还跟父母住在一起就是一个大问题，也是一种新的圈层化。

互联网巨头给我们带来的最大威胁则是公民有可能被矮化成为消费者。在西方世界，这种矮化正在发生。商品与服务的市场营销和政治的营销变得越来越互通。每一次大选，都是移动互联网工具升级换代的机会。最臭名昭著的莫过于帮助特朗普的剑桥分析公司，它利用从脸书获取的海量数据，可以向特定人群发布定制化信息。

商业的营销是推销商品，而政治的营销则是推销政客。找到潜在消费者和在政治上动摇的人群的方法没有任何本质的区别，但是其影响却是深远的。一方面，政治会变成一项极客运动，和电子游戏没有什么本质区别，丧失了应为其根本的严肃性与公共属性；另一方面，公民被矮化成为消费者，他们参与公共讨论的能力被削弱，他们对政客的信任也被大大侵蚀。

消费者取代了公民的角色，成为可以被影响的小卒子。公共讨论被精准的市场营销所取代，这是最可怕的。社交媒体已成为议程设置者的精准营销工具，人人都可以利用。

平台经济的公共属性是不能被忽略的。未来巨头需要在平台的发展和平台的公共属性之间找到平衡，无论是消费者还是政府，都不可能坐视平台不受任何监管地做大。

如何解局？

巨头会不会正在经历20年来又一次"希望——狂妄——衰亡"的循环？希望是创业之初满怀理想的状态，狂妄是在商业上取得了巨大成功之后的脱离实际，衰亡则是泡沫破裂与强化监管之后的一地鸡毛。

互联网发展的历史表明，依赖技术本身是无法解决科技对商业、社会和公民社会带来的一系列问题的。但是当下的全球互联网巨头既然富可敌国，如果能开始拥抱公共精神，就可能解局。尤其当平台日益成为数字经济中不可或缺的基础设施之后，仅仅依靠利益驱动是不够的，平台需要有公共精神。

这种公共精神体现在四个方面。

首先，要致力于未来创新和突破性的研发，而不是仅仅加固自己的竞争实力与未来的盈利能力。这种公共精神其实在50年前的美国就曾经有过，当年无论是IBM、AT&T（美国电话电报公司）还是施乐，都是各自领域内的垄断者，但是它们与社会有一种不成文的默契——

它们会拿出自己的资源，投入到致力于未来的长期研发中。无论是施乐在硅谷帕洛阿尔托的实验室（PARC），还是贝尔实验室，都是过去50年主要创新的发源地，影响深远。

其次，要致力于发掘解决问题的新思维和新创意，而不是简单地提升解决现有问题的效率，这也是平台和大数据面临的挑战。巨头能够把现有的工作更有效更快捷地完成，但是并不一定能更好地解决问题。比如无论是优步还是滴滴，都能更高效地解决出行的匹配问题，却还没有很好地解决大城市拥堵的问题。

再次，也是更重要的，要坚持互联网开放与分享的精神，而不是构建一个个精美的数字花园。数字经济的未来，一定需要大数据的共享，要不断鼓励创新。这就需要巨头找到一种方式去构建大数据的分享与交易，它们不应该惧怕为未来的挑战者种下种子。

最后，要致力于社会资本与人力资本的最大化，而不仅仅是利润的最大化。互联网巨头的公共属性与连接属性，让它们能更好地去挖掘社会资本，培育人力资本。它们去思考基业长青，不仅仅是要努力让自己的企业变成百年老店，而是要有更高远的立意——如何让这个社会变得更好。

未来，监管也需要有更大的作为，为大数据的使用、交换和共享制定公开透明的规则是最重要的抓手。

首先，保护个人隐私，需要关注数据的完整性。谁拥有数据，谁能使用数据，数据在多大程度上、在什么范围内可以共享，这都需要探讨，然后据此制定公开透明的规则。

其次，监管更需要去努力构建大数据交易所，帮助大数据的确权、定价和交易，打破巨头一个个数字花园的藩篱，给初创企业以公平的竞争环境。未来人工智能的竞争，很大程度上是大数据的竞争。如果大数据能够在合规的前提下开放共享，将有助于在数字经济时代打破巨头的垄断。

最终，监管应该努力去推动思想市场的构建。2018年诺贝尔经济学奖得主罗默就提出，人力资本和新思想是推动未来经济发展的动力。数字经济时代，无形资产变得更为重要，而新思想则是最重要的无形私产。构建开放多元的思想市场，就能鼓励无形资产的交换、协作与交易。它的作用有两点：一方面鼓励开放式创新，让不同领域、不同专业背景的想法和创意有相互碰撞和激发的机会；另一方面它也会鼓励对无形资产产权的保护，通过市场交易的方式挖掘无形资产的价值，通过交易给予无形资产创造者以足够的激励。

而巨头应该怎么做呢？当今时代需要的不仅仅是精明的管理者，更是有远见有担当的企业家。

既然平台是数字经济不可或缺的基础设施，它就必然有其公共属性。有远见有担当的巨头领导者，就有责任参与和推动保障数字经济长期发展的制度设计，而不是仅仅致力于保护自身的短期利益格局。

他们可以拿100年前"镀金时代"的巨头作为榜样。卡内基和他所代表的那一派镀金时代的大亨，最愿意做的慈善就是捐钱给图书馆，捐钱建大学。这样的做法带来两方面的好处：一方面有利于社会的不断进步——对教育的需求总是越来越大的；另一方面则是创建了非常强大的社会组织力量，有助于均衡社会的发展。

数字经济时代，巨头所建立的平台是比教育、大学和图书馆连接更广泛的平台。有远见有担当的企业家应该致力于推动科技的去中心化，让互联网构建的"全球大脑"能够为每个人所用；投入资源去解决假新闻和圈层化的问题，让互联网促进公民社会的发展，而不是相反。

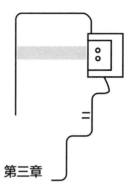

第三章

评论与思考

另一只眼复盘金融危机

2008 年 9 月 15 日，华尔街大投行雷曼兄弟轰然倒下，21 世纪最严峻的全球金融危机汹涌而来：原本秩序井然的金融市场，竟然会发生衍生品价格暴跌、有着百年历史的投行在几天内破产的惨剧。上万亿美元的资产在很短时间内就灰飞烟灭。

十年之后，研究金融危机的书籍汗牛充栋，但有两个问题仍然没有得到完美的解答：为什么这么多经济学家都没能准确预测金融危机的到来？我们到底能从上一次金融危机中学到什么，以帮助我们避免下一场金融海啸？

要回答这两个问题，需要从不同角度对金融危机复盘，也需要从经济学和金融学学科之外——尤其是从生物学和行为学的研究中——汲取营养。

金融危机复盘

雷曼兄弟倒台的导火索是以房贷为标的的次级债 CDO（担保债务凭证）发生违约。为什么会违约？首先是各大评级机构当年并没有预料到 CDO 的潜在风险。这并不是因为评级机构没有充足的数据，症结在于它们设计的风险模型中并没有纳入对美国各地房价之间相关性的考量，因此也就没有考虑到不同市场房价同时大跌带来的风险。当纽约、芝加哥、旧金山的房价同时下跌时，CDO 原先的逻辑暴露出致命伤——次级贷即使涵盖了全美各地不同的房地产，仍然无法抵御市场的整体下跌。

CDO 作为一种房贷资产证券化工具之所以这么火爆，背后是美国房地产从 1996 年到 2006 年的繁荣。这 10 年间，美国人均房产价值翻番。到了 2006 年，美国总共有 11 万亿美元的房贷。美国房贷相关的资产证券化产品也从 1996 年的 4800 亿美元上涨到 2003 年的 3 万亿美元。房贷相关的资产证券化成为金融市场里的新宠。

推动房价持续上涨的不仅仅是金融机构，政客大力鼓励每个人都能拥有自己的住房也是美国房地产非理性繁荣的一个推手。政客们非常乐于见到"拥有自己的住房"成为新的美国梦。在这一过程中，自然会出现大量道德风险，金融机构不断降低标准，甚至出现忍者贷款（Ninja loan），也就是给没有收入、没有工作、没有可抵押资产的三无人员贷款。

较低的利率让更多人能得到房地产按揭、房价持续增长带来的财富，也使得转按揭和其他依赖房地产的再融资方式比较容易进行，这三点是房价带来的"免费午餐"。这三条中，如果每一条单独出现，都是经济上的利好。但时，当三条同时出现时，就会引发泡沫和危机。因为一旦外部环境发生变化，需要去杠杆的时候，房产作为一种流动性很差的资产，会引发连锁反应，导致系统性金融风险。

并非没有人看到美国房地产持续上涨的泡沫。研究美国房价的专家，诺贝尔经济学奖得主罗伯特·席勒（Robert J. Shiller）在 2005 年 1 月就曾经断言，房地产市场的基本面已经无法支持房价的暴涨。

前印度央行行长，芝加哥大学布斯商学院教授拉古拉姆·拉扬（Raghuram Rajan）在 2005 年全球央行行长一年一度的杰克逊霍尔年会上也曾警告说，金融创新已经改变了金融风险，系统虽然可以更广泛地分配风险，但是同时也比以前增加了很多风险，因为各类资产之间的关联度比以前高得多。他断言，这样的系统也许能承受小的风险，但是无法抵御大的风险的打击。拉扬的这一论断几乎可以完全套用在 CDO 上。CDO 作为资产证券化的创新的确可以有效分配地方性房价调整的小风险，但是没办法抵御全美房地产崩盘的大风险。

美国前财政部部长劳伦斯·萨默斯当年就主持了拉扬的讨论。他在拉扬发言之后，一面称赞拉扬的观点有些道理，一面却强调系统风险被夸大了。他把全球金融市场比喻成美国的航空市场，金融创新就好像航空市场上建设起的多个干线枢纽与上百条支线网络，带来巨大的方便和效率提升。而担心金融危机——萨默斯比喻说——就好像美国最大的十个航空干线枢纽同时瘫痪，而且其中两个还因为无法解释的撞机事件而被摧毁。萨默斯的言下之意很明显，就像很难想象航空业会发生如此大规模的灾难，金融市场也大可不必为类似的"黑天鹅"而担心。

萨默斯的观点代表了一种对金融创新充满自信的思潮。反讽的是，他的比喻用来形容三年后的金融危机恰当无比。金融市场从业者的反应却是另一种代表：他们对泡沫的预警视而不见，原因是大家已经习惯了"火中取栗"的竞争场景，就像当年花旗集团的 CEO 查尔斯·普林斯（Charles Prince）所说："只要音乐不停，我们都还会接着跳舞。"而且普林斯并不认为，2008 年到了音乐该停下的时候。花旗和其他大的金融机构一样，都低估了风险。他们普遍的想法是：既然现在市场上还有钱赚，为什么要担心未来？

麻省理工学院教授罗闻全也是比较早指出金融市场风险的人。他在 2004 年针对对冲基金的研究中发现，因为竞争激烈，所以市场上套利的机会越来越少，利润越来越薄，对冲基金需要不断增加杠杆才能保持一定程度的盈利。当市场变得越来越拥挤，大家的策略越来越同质化，杠杆加得越来越高，而越来越多的标的资产是流动性很差的房贷时，金融市场就埋下了严峻的危机。2004 年 10 月，《纽约时报》对罗闻全的分析给出了如此评价："罗教授所描绘的灾难性剧本需要一系列高杠杆的对冲基金破产，引发向它们提供融资的银行或者投行的垮台。"言下之意：这怎么可能？《纽约时报》的评论，提前 4 年为金融危机写好了剧本。

金融市场是个生态圈

罗闻全的著作《适应性市场》（*Adaptive Markets*）和理查德·布克斯塔伯的《理论的终结》，都试图从进化的角度去分析金融市场的发展和金融危机的爆发。

布克斯塔伯认为，把经济学当成一门科学来研究，整体的出发点就错了。数学的经济模型是没有办法推演出复杂的金融世界的运行规则的，经济活动是复杂的，而传统经济学中对理性人的推断，完全没有办法涵盖复杂经济活动中千万参与者各种各样不同的行为。

具体来说，因为经济活动中有大量人的参与，他们的行动很多时候受到他们所在环境的影响。他们会基于对周围环境的观察，以及自己遵循的一套经验法则来做出决策，而且每个人的决策都会相互影响，反过来还会对环境产生影响，变化了的环境再反过来影响市场里的参与者。整个金融市场里存在着大量这样的观察、判断、决策、反馈的循环，每个参与者都会在这些不断循环的过程之中汲取经验，从而不断修正自己的经验法则。

从这一视角可以推导出两个结论：根据过去的金融市场经验，很难推导出未来的市场发展，因为市场环境发生了变化，而市场主体的经验也已经有了提升；在市场主体层面的"理性"选择——比如说在市场发生巨大波动时平仓——也可能在金融市场这一复杂系统的层面带来意想不到的结果——市场暴跌引发严重的金融危机。

罗闻全从进化论的视角来观察金融市场在一个更长时间跨度中的发展。进化论强调生物通过竞争、变异、繁殖和适应来"物竞天择，适者生存"，金融市场也类似。金融市场里充满了竞争，要想在竞争中胜出需要不断地创新，也就是变异；经过市场检验的创新会被大量复制或者快速壮大，也就是繁殖；而最终适应市场环境的投资者才能够胜出。

如果从全球金融市场过去的 50 年来看，金融机构都适应了自 80 年代开始的一个波动性比较低的新环境，逐渐丧失了在 70 年代波动幅度更大的市场中培养出来的一些能力。但是 2000 年之后的市场环境又发生了巨大的变化。

科技是变化背后最大的推手，宽客基金与高频交易就是主要的代表。市场中新的参与者层出不穷，参与者的适应力变得更强，新技术和新策略的采用也变得更普遍更迅捷，这些都导致了环境的改变。

2000 年之后金融市场环境的另一个重大改变是全球宏观经济的改变，尤其是中国与印度经济的崛起。中国和印度对全球贸易走势、劳动力供给、工资水平和生产成本都有深远影响，中国和印度崛起的中产阶层也对金融资产的供求关系带来了大的影响。

科技的快速变革与全球宏观经济的巨变，导致 2000 年之后全球金融市场环境的一大特点就是波动性再次增强。因为金融机构都适应了自 80 年代开始金融市场波动性相对较低的环境，市场的参与者往往会低估市场的风险。此外，因为碰到市场大幅波动的情况比较少，投资人也很难从暴跌的经历中汲取教训。一旦遇到新情况，尤其是像2008年全球金融危机这样的冲击时，就非常容易出现非理性的反应，也就是所谓的群体的盲动，从而导致市场暴跌，市场疯狂追捧无风险资产。这里的非理性反应，并不是不可理喻或者随机的行为，而是进化中总结出来的经验一旦应用在一个全新的环境中一下子变得不合时宜了。

无论是罗闻全还是布克斯塔伯都站在"复杂系统"的角度剖析了2008年金融危机的根源。从复杂系统的角度去看，如果市场的参与者之间有了越来越多的交集，如果市场的竞争导致他们越来越倾向于采取类似的策略，如果金融创新意味着越来越多原本没有相互关联的资产被打包在同一个池子里或者被同一家金融机构所持有，那么金融风险的传导就比以前容易得多。一旦金融危机爆发，后果就不堪设想。

用这一思路来观察2008年的金融危机，布克斯塔伯提出，根本的问题并不是房贷的过度资产证券化、金融工程创造出的越来越复杂的衍生产品，甚至链条过长之后爆发的道德风险，根本的问题是金融创新把各种资产之间的关联拉近了，资产变得环环相扣，一旦出问题，就会立刻蔓延，而次级债只是那个最先破的泡沫，危机的导火索。

罗闻全则从竞争与适应的视角提出，之所以金融市场上会催生出如此环环相扣的金融工程创新，主要原因是科技的发展和宏观环境的变化让金融市场上的竞争更为激烈。市场参与者，尤其是对冲基金这样激进的参与者，很自然地通过金融创新来适应这种市场的变化，并且在创新中变得同质化，也在同质化导致利润变薄之后不得不通过加杠杆的方式保持利润不下滑。这些市场参与者就好像在不断加速的跑步机上，要想保持步伐，必须不断加速，这个时候，任何一个闪失都有可能带来大问题。

是"黑天鹅"，还是利益错位？

2008 年金融危机之所以发生——塔勒布（Nassim Nicholas Taleb）在其著作《黑天鹅》（*The Black Swan: The Impact of the Highly Improbable*）中给出的解释是——不可预测的重大却稀有的事件，比如没有人能够预见雷曼兄弟这样的大投行的倒闭。在新书《切身利益》（*Skin in the Game*，中译本名为《非对称风险》）中，塔勒布的思考又深入了一个层次。

他认为，发生金融危机的根本原因是金融市场的收益和风险出现了不对称，考核金融市场参与者收益的时间窗口太短，而风险积累了七八年又缺乏针对性的处理措施来应对，才会引起大的金融动荡。这种不对称让金融市场从业者的"切身利益"与整个市场的利益之间产生了巨大的偏差。

如果以银行业为例，银行家们的业绩考核时限通常是一年，年终他们都会根据该年度的业绩领取丰厚的奖金。因为考核期限只有一年，银行家们会极力将他们看到的风险像踢皮球一样踢到将来，或者掩藏起来，确保年度考核的业绩达标以保证自己拿到丰厚的奖金。换句话说，考核期限短使银行家们的驱动力发生了扭曲，他们的"切身利益"变成了如何每年都赚取高额的奖金，因此他们即使看到了金融市场里的风险，也更倾向于"转移风险"，而不是"化解风险"。因为他们很清楚，金融危机从埋下风险的种子到最终的爆发，一般有七到八年的时间，到那个时候，他们早已经赚得盆满钵满，有几个银行家会因为金融危机给整个经济带来的毁灭性打击而家破人亡呢？换句话说，长期累积下来的风险爆发所造成的市场动荡，不会影响到大多数银行家的"切身利益"。

的确，2008 年金融危机之后，美国政府花了上万亿美元救市，却没有几个银行家把在市场繁荣期赚取的高额奖金退还，更没有一个银行家因为金融危机而锒铛入狱。银行家享受到了市场繁荣的短期红利，而把长期累积的风险交给市场和政府买单，这种风险和收益的不对称带来了严重的问题。对奥巴马当时处理金融危机的方式的批评也集中于他在给银行业纾困的同时却没有加大对银行家的惩处力度，这也从侧面反映出不少人对政府没能有效处理引发金融危机的深层问题心存不满。

这种风险与收益的错配是金融危机爆发的重要原因。塔勒布强调，如果要避免未来金融危机的发生，就必须让金融市场的历史参与者都为累积的风险所带来的损失负责。

塔勒布在《切身利益》中也顺便对"为什么没几个专家预测到金

融危机"这个问题做出了他特有的辛辣回答。他特别警告不要为市场上各种所谓专家和学者的评论所迷惑。在 2008 年金融危机发生之前，几乎没有一个专家准确预测了危机的发生，很多人还在强调市场的韧性，认为市场仍有上涨的前景。这些人之所以无法预测危机，是因为他们中大多数是靠动嘴皮子谋生的，根本没有对金融市场进行深入的研究。

塔勒布认为，专家的观点只在两种情况下可信。第一种是专家保证为自己的观点负责，比如：如果他们鼓吹市场行情还会上涨，结果投资人追涨亏了钱，他愿意认罚。另一种情况是一位很知名的专家在一些有争议的问题上能够打破常规，给出尖锐的不同观点。在这两种情况下，专家们都把自己的"切身利益"和未来的结果捆绑，都在为自己的观点而冒险，第一个会因为自己观点的错误而亏钱，第二个会因为自己观点的错误而名声扫地。

未来需要提防流动性危机

研究十年前发生的金融危机，为的是更好地预测和应对下一场危机。那下一场金融危机的导火索又会是什么呢？布克斯塔伯在金融危机之后加入了美国证监会，参与银行监管的美国金融监管改革法案的制定，同时也参与了金融市场的压力测试，他认为：下一场危机将会是流动性危机，相比市场主体的高杠杆，流动性的风险更大。

很多专家都分析认为2008年金融危机的主要原因是过高的杠杆，

所以监管部门在危机之后把去杠杆放在了第一位。危机之后通过的美国金融监管改革法案就特别强调了对银行的杠杆率的监管。欧洲针对银行监管的《巴塞尔协议Ⅲ》也同样强调了要控制银行的杠杆率。美国金融监管改革法案还强调要对银行进行拆分，要对那些可能引发系统性风险的银行着重监管。

但是，这样的强监管也带来了它的副作用，让银行的做市能力，也就是撮合交易的能力变弱。在强化监管之前，如果遇到了危机，比如说某个资产被甩卖，银行会用自营业务来做市，暂时用自己的资金买入卖单，等待买家出现。这么做虽然有风险，但是因为银行与客户的关系是长期的，所以如果这时银行不接盘，未来客户就不会选择这家银行作为中介。然而，既然现在的监管不再允许银行用自营业务接盘，银行也就乐得在危机出现的时候站在一边袖手旁观。爆发危机的时候，没有银行在其中撮合交易，市场中的流动性会更有问题。这就是布克斯塔伯认为未来金融危机会是流动性所引发的第一层原因。

第二层原因是既然监管专注于杠杆率，那么流动性的风险就会增加。因为监管与市场主体永远是猫和老鼠的关系。作为老鼠的市场主体永远在找监管的漏洞，既然监管专注于杠杆率，对杠杆的规定非常严格和具体，"老鼠"就一定会从别的方面去找空子钻。此外，西方市场在金融危机之后连续多年的量化宽松给市场带来了巨大的流动性，而现在美元进入加息周期，回收流动性本身也会给整个市场带来更大的外部压力。

第三层原因是相比杠杆率，流动性更难观察到。一个市场主体的杠杆率有多高比较容易看出来，查一下它的公开资料，或者用它持有的资产除以它的资本金，就能算出来。而流动性则难以判断，尤其流动性是一个动态的参数，当市场紧张，价格下跌，有大量卖盘出现的时候，反而是流动性抽紧的时候。

从技术和监管的视角，布克斯塔伯对流动性的担忧值得关注。从整体来看，金融生态圈是观察金融市场未来变化的较好的视角。罗闻全提出，必须用动态的视角来观察金融市场的变化，未来各种风险不同的金融资产之间，联系只会变得更为紧密。一方面，需要监管能穿透性地发现资产背后的关联，防止风险蔓延；另一方面，投资者主动管理风险的能力在任何时候都非常重要。

美国精英教育潜规则

哈佛大学在 2018 年年底摊上了一场大官司。

哈佛大学成为被告的原因，是有非营利性机构提出，亚裔美国人在哈佛大学的录取过程中遭受了不公平待遇。原告认为，哈佛大学在推进"多元化"的美名之下，对非裔和拉美裔学生予以照顾，其实是建立在牺牲亚裔美国人录取机会的基础之上的。

在中国，高考常常被视为与帝制时代的科举一样：一方面一卷定终生，与科举考试选才是同样的机制；另一方面只有极少数人才能进入清华、北大这样的名校，能进入名校的考生可能都是各地名列前茅的学生，也被等同称为"状元"。而在大洋彼岸，哈佛、耶鲁这样的常春藤名校，申请竞争也十分激烈。每年只有不到 5% 的申请者能够被哈佛录取，淘汰率之高，也堪比中国的科举。

哈佛大学采取一种被称为"全面评估"的录取流程，这种评估方式不仅仅考虑学生的学习成绩，还要同时考虑其课外活动、种族，还有很主观的"个性评分"。此外，哈佛大学也很强调"祖荫"，也就是会优先录取校友子弟。根据哈佛的一份内部报告，校友子弟的录取规模跟黑人申请者差不多，这意味着校友子弟的录取率为34%，比普通申请者要高出好多倍。举个例子，美国前总统小布什虽然平时是C等生，但仍然被哈佛商学院录取，靠的就是爷爷和爸爸的"祖荫"。

不过，这次把哈佛大学推上风口浪尖的案子，其关注点并不是"祖荫"对录取机制的扭曲，枪口对准的是实施了50多年的"平权行动"（Affirmative Action）。

什么是平权行动？简言之，就是给弱势群体和少数族裔在就学和就业上更多机会，因为在历史上，这些人曾经遭受过苦难，而在现实中，他们也可能因为家境困难而输在起跑线上。平权行动主要的受益者是黑人，这多少也反映了20世纪60年代美国的政治现实——平权行动是肯尼迪和约翰逊这两任总统推动黑人享有平等公民权利的改革的重心，其中也含有对200多年来奴隶制度和歧视黑人的补偿。

2014年，由反对平权行动的保守派人士爱德华·布鲁姆（Edward Blum）创立的非营利性机构"公平招生"（SFFA，Students for Fair Admissions）把哈佛大学告上法庭，指控哈佛歧视亚裔美国学生。这场官司后来在哈佛大学所在的马萨诸塞州开庭审判，庭审披露了大量资料，为外界揭开了哈佛大学录取流程的一角。

布鲁姆认为这种平权行动可能固化为给不同族裔配给一定的名额（美国最高法案已经有过裁决，判定按照种族给新生录取设置配额的做法违宪），而这种变相的配额制让人数不断增加且平均成绩更是名列前茅的亚裔子弟在哈佛这样的名校录取中遭受了歧视。

按哈佛大学招生办自己的评定，亚裔美国学生的学业能力和课外活动质量都高于白人申请者，但对他们的录取率却相对低出许多。比如，学业能力处于前10%的亚裔学生中，只有13.4%被录取；相反，白人的录取率则是18.5%。

布鲁姆认为，亚裔学生在"个性评分"这项很主观的衡量指标中平均得分都低得多。和学业成绩或者课外活动不同，"个性评分"纯属主观意见，而且是在招生人员还没见过申请者本人的情况下评断的。

同样，根据哈佛大学2013年的一份内部报告，如果仅仅考虑学业成绩一项，亚裔美国人在当年大学新生录取中的占比会达到43%，超过白人成为哈佛大学新生的第一大族裔，而黑人的录取比例则会低于1%。如果考虑体育特长生和"祖荫"，亚裔可能被录取的比例下降到31.4%。如果再考虑课外活动和"个性评分"这两项指标，亚裔的比例下降到26%。而亚裔当年实际的录取比例只有18.7%，黑人为10.5%，因为录取流程中还考虑了种族、性别和其他一些因素。

布鲁姆又聘请了杜克大学的经济学家彼得·阿西迪亚科诺（Peter Arcidiacono）建立统计模型，分析种族因素对录取结果的影响。据阿西迪亚科诺的估算，一名达到录取标准的亚裔美籍男性非贫困生有

25%的概率被录取；假如换成白人，录取机会就增加到36%；如果换成西班牙裔，机会翻番到77%；如果换成黑人，则上升至95%，几乎笃定被录取。

哈佛大学录取案暴露出的问题

布鲁姆诉哈佛大学"公平招生"案凸显了几个问题。

首先是哈佛大学的录取流程到底是否公平？在这个时代，应该怎样诠释录取的公平？其次是，平权行动是否已经失去了它本来的进步意义，沦为保护特定种族而歧视另一类种族的不公平待遇？可以说，这场诉讼揭示出的问题，比希望解决的问题更多。

先看哈佛大学录取流程中的公平问题。

哈佛大学新校长劳伦斯·巴科（Lawrence S. Bacow）认为哈佛的"全面评估"流程标榜了哈佛录取学生的多元性。他认为，将来自不同生活背景、不同族裔、不同地区的人熔于一炉，会给班级乃至学校带来巨大的收获，因为学生们不仅能从学校汲取知识，也能从不同成长背景的同学身上相互汲取养分。

但如果把平权行动等同于多元化，显然是一种概念的偷换，因为多元化与平权行动所倡导的保护弱势群体和少数族裔遵循的是完全不同的逻辑。而且，遵循多元化的逻辑在实操阶段也很可能被固化为某种配额制度，因为哈佛可能为了确保种族的多元化而变相规定各种族裔在每一年录取新生中的比例。

如果看一下历史数据就不难发现，虽然过去 10 年全美亚裔高中生的数量不断增加，但是哈佛录取的亚裔美国人的比例一直保持在 20% 左右。相比之下，因为 20 世纪 90 年代加州通过了不必遵循平权行动的法案，加州一些大学的亚裔录取比例大幅提高。

这种现象并不是哈佛大学独有。最近美国就有一个案例，申请人是黑白混血，之前申请了一所常春藤名校，没有被录取，父母决定修改一下申请人的姓名，让名字变得更像是黑人的名字，族裔一栏也申报为黑人，之后申请人提交了同样的申请材料，却被好几家常春藤大学录取。

这一案例中的家长就认为，自己的确花了很多心思在孩子的教育上，对孩子最终能被名校录取感到欣慰，但是他们质疑录取流程中过度看重族裔是不是正在创造新的不公平。

如果从一个动态的角度去看名校的录取过程，这种可能存在的录取配额潜规则会给辅导班和咨询顾问很多赚钱的机会。如果有——哪怕是不成文的规矩，去确保不同族裔在录取新生中都有一定的占比，就可能出现和中国一样的"高考移民"。这恐怕是美国式精英教育面临的最大问题。

那平权行动是不是已经失去它的历史意义了呢？也有持完全不同看法的人。一些亚裔活动家就担心布鲁姆只是借用亚裔在名校的录取过程中可能遭受歧视这个案子做文章，目的是在美国全社会取消平权行动，而这么做对于亚裔来说是受损的。

一位比较活跃的亚裔人士就表示，如果你告诉亚裔美国人平权行动会给亚裔带来更多的工作机会，会鼓励政府雇用更多亚裔法官或者大学雇用更多亚裔教授，大多数亚裔都会选择支持平权行动。相反，哈佛的案例并不具备证明平权行动导致亚裔整体遭到歧视的代表性。毕竟，哈佛有着95%的录取失败率，申请哈佛的竞争非常激烈，即使一些亚裔觉得自己成绩优秀，在课外活动方面是佼佼者，那种笃定要进哈佛的劲头，背后也可能有一种应得权利（entitlement）的意识作祟，这种盲目自大，并非好事。

这种观点把对哈佛诉讼提出问题的讨论延伸得更为广阔。问题变成了：亚裔到底是不是平权行动的受益者？

名校学生只是人群的一角，亚裔学生努力、用功、数学好、英语差、不融合，是中产阶级的标准生、应试机器，这些评语到底有多少代表性？还是这其实是思维定式和刻板印象？甚至亚裔申请者在申请过程中"个性评分"项被打低分，有多少可能是这种思维定式的结果，也值得深究。

如果看一下统计数据，在旧金山就读社区大学（大专）的亚裔学生比在所有藤校上学的亚裔还要多。象牙塔尖顶的博弈，会影响到底层的太多人。因为已经有研究发现，如果在美国全社会废止平权行动，最终受益的会是白人。

相比黑人和西班牙裔，亚裔——尤其是最近30年来自中国大陆的美国新移民——大多数都是优等生。技术移民也确保了下一代至少在教育的投入和教育的传统上，都或多或少保留了亚裔"虎爸虎妈"的"优良传统"。

不过，这样一来，关于亚裔的思维定式还会进一步被扭曲。在不实施平权行动的加州，随着亚裔学生录取比例的逐年上升，UCLA（加州大学洛杉矶分校）已经被戏称为在"亚洲移民中迷失的白人大学"，而 UCI（加州大学尔湾分校）被称为"中国移民大学"（University of Chinese Immigrants），都是新鲜的例子。

科举与潜规则

哈佛大学的这个案子，让我联想起中国的科举。

同治二年（1863 年），常熟翁家继七年前翁同龢中状元之后再次有人科榜夺魁，这次的状元是翁同龢的侄子翁曾源。叔侄两人先后登上中国科举金字塔的顶端，史上罕见。殿试之后，翁同龢在日记中写道："今邀先人余荫，得与廷试，从容挥洒而出，意若其有天佑乎！"等得到夺魁消息，这位后来的两朝帝师更是"悲喜交集，涕泪满衣"。

不过，翁曾源这个状元的确是祖荫得来的。

一年前，翁曾源的爷爷翁心存病死，慈禧太后以同治皇帝的名义特赐翁曾源举人，而且免会试，直接参加殿试，所以翁曾源在科场上的两个功名——举人和贡士，都源自慈禧的赏赐，不是自己考的。直接参加殿试，也就是让他接连跳过举人的乡试（各省举办的举人资格考试）和贡士的会试（在京城礼部进行的考试），进入进士的排名考试。

殿试中除了极少数人之外，都能拿到进士的功名，因此殿试更多是走过场，主要看试卷的书法是否漂亮，评判的标准是所谓的"黑大光圆"。翁曾源出身书香世家，祖父叔两代进士，在书法上颇有造诣，正常发挥，夺取殿试第一名并不意外。

不过翁曾源其实有隐疾，他患有严重的癫痫，经常一天发作几次，碰巧殿试那天精神抖擞，发挥正常。虽然翁曾源一时风光，但是翁家的这个"小状元"并没有像他叔叔那样在中国历史上留下任何印记，只当了半年的翰林就辞官回乡，二十年后病死；而他同科的探花（第三名）是张之洞，后来成为晚清的中流砥柱，是中国历史上值得大书特书的人物。

一个患有严重疾病的人依靠祖荫竟然能够走到精英选拔机制——科举的金字塔顶，从某种意义上说，是科举的不幸，也是科举作为一种公平的选拔机制的沦陷。

科举作为精英选拔机制，是否藏有什么不可告人的猫腻，一直是帝国时代最重要的问题。科举既然承担为国家选拔人才的重任，就必然要面对一个问题，那就是科举应该只做精英选拔，还是需要加入对地区均衡和全国代表性的考量？

中国历史上其实有过类似的讨论，探讨选才的过程到底是要公平还是要更具充分代表性。科举之所以在明朝就开始分南榜和北榜（还有中榜），就是因为科举不仅仅是单纯的精英选拔机制，还是一种让来自庞大帝国各个地方的举子能够在科考的路上把帝国各地的信息带到首都，也把首都的繁盛辐射到全国各地的一种上下沟通融合的过程。明朝政府规定南榜、北榜、中榜（安徽及西南几省）分别占每次进士录取总额的 55%、35% 和 10%；政府还明文规定各地的录取名额，各州县均有一定的配额，即使面积最小、人口最少的县，也会有人才被录取。

虽然在明代，中国经济的重心已经移向江南。江南的经济繁华也意味着江南有更多耕读世家，江南的士子在科举中更可能中第，而中第的士子又更可能在中央形成自己地缘性的小圈子，比如翁同龢翁曾源叔侄状元所在的常熟县，仅明清两代就有 366 位进士。这个时候，从制度上保证一定比例的进士取自北方，对于南方的举子而言的确是不公平的，却强化了统合帝国的纽带。

从这一视角来看哈佛诉讼案所折射出的美国精英教育的困局，是不是也暗含这样的"统合"因素所主导的一种"潜规则"？只是在平权行动的"政治正确"下，这种统合是不能被拿上台面来讨论个黑白分明的。

航天的细节

载人航天是开启人类征服太空梦想的第一步。航天是一种宏大叙事，但它所取得的成就又是一点一滴积累的结晶。航天更是容不得一点差错。1986 年美国"挑战者"号航天飞机因为助推器密封圈失效而在升空过程中爆炸，2003 年"哥伦比亚"号又因为发射时一块手提箱大小的保温塑料砸坏了机翼的一块防热材料而在返回大气层时解体，这些都是微小的细节带来的巨大损失。按照美国宇航局（NASA）的计算，航天飞机发射时宇航员跟坐在火药桶上一样危险，牺牲率则与1945 年诺曼底登陆的盟军士兵一样高。

但是，如此高的风险并不妨碍全世界各国的宇航员竞相征服太空。1965 年第一位在太空行走的宇航员苏联人阿列克谢·列昂诺夫，在走出飞船的一刻向莫斯科汇报："地球的确是圆的。"透过舷窗俯瞰地球已经是无与伦比的感受，而沉浸在无垠的太空中直面蓝色星球的第一人说出的却是如此直白的语言。或许只有简单的语言，才能描绘无比的震撼。

美国宇航员斯科特·凯利（Scott Kelly）在他的书《持久》（*Endurance*）中感叹，当他在2016年结束在国际太空站一年的航天飞行之后，他深刻意识到，看上去属于个人的成就，背后其实是成百上千人的努力，他为自己能够成为这些人集体努力的结晶而自豪。他的这本书，恰恰希望用航天的细节去解构"宏大叙事"和"英雄史观"。他还原了一个有血有肉的宇航员的视角，也为全球航天，尤其是国际空间站上各国的合作，填充了鲜活的细节。航天的细节，不仅充满镜头感，也让如何实现人类的梦想——比如登陆火星——变得更切实，更值得去思索咀嚼。

来自加加林的仪式和美国人的尿不湿

在航天飞机退役之后，俄罗斯的"联盟"号飞船成了欧美日宇航员前往国际航天站的唯一交通工具，美国宇航员也因此必须和俄罗斯宇航员一同训练、一同出发，英语和俄语成为国际空间站的通用语言。凯利两度乘坐"联盟"号飞船上天，对俄罗斯的航天文化耳濡目染，有惊叹之处，也有错愕之时。入乡随俗，最让他印象深刻的还是俄罗斯航天的仪式感。

在哈萨克斯坦的发射场发射升空之前，会有东正教的神父来做祝福，向每一位宇航员脸上洒圣水，据说这在苏联第一位太空人加加林的时代就已经有了。很难想象 20 世纪 60 年代的苏联，在全人类科技突破的当口，仍然像过去迈向未知的探险一样，期望有神的祝福。不过凯利的观感很中性：多一点祈福总不是什么坏事，毕竟坐在百万吨液体燃料之上的旅程风险不低。

让凯利更吃惊的事发生在去往发射台的路上。这时候宇航员们都已经穿戴完毕，套进了厚厚的宇航服，当载着宇航员的大巴行至中途时，却突然停了下来，宇航员依次下车，来到大巴车的右后轮处，解开早就密封而且检查过了的宇航服，对着轮胎撒泡尿。俄罗斯的宇航服必须整个身体从胸部套进去，女性宇航员没办法像男性那样小解，但她们也会带上一瓶尿液，或者至少是一瓶水，洒在轮胎上。

为什么会有这么诡异的仪式？"始作俑者"也是加加林。据说，当年加加林在第一次太空飞行之前，就是因为尿急突然叫停了大巴车，下车朝着右后轮撒了一泡尿。既然加加林这么做，并且成功成为抵达太空又安全返回的第一人，俄罗斯的宇航员就都尊重这一"传统"，美国人也不得不跟着"入乡随俗"。

美国的宇航员却没有那么"幸运"。美国的第一位进入绕地球轨道飞行的宇航员约翰·格伦（John Glenn），因为发射的准备时间太久，尿憋不住了，他问宇航中心是否可以暂时从"友谊7号"飞船上下来，上趟厕所。宇航中心回答，就尿在宇航服里吧。所以，第一个成功绕地球飞行的美国宇航员，其实是穿着尿湿的裤子执行完整个航天任务的。

如果说俄罗斯人有他们的传统和仪式感，美国人也有他们的"小确幸"。出发之前，宇航员们要一起打一场德州扑克，一定要指令长输光了筹码才能出征，因为这"意味"着指令长把自己的坏运气全都留在了地球上。据说，这也是早期某个宇航团队开的先河，等到他们安全返航，先例就成了传统。

美国人的另一项"小确幸"就是喜欢针对"菜鸟"做恶作剧。凯利在作为指挥官执行第一次航天任务时就想了一个恶作剧。在登机前，他突然对三位"菜鸟"说：你们带了登机牌没有？说着就从自己口袋里拿出打印好的登机牌。其他三名"老鸟"也不约而同地掏出登机牌，配合凯利的演出。三名"菜鸟"一下子面面相觑，慌了神。凯利接着煞有介事地说："哎呀，没有登机牌，你们这几个人怎么办？"直到四个"老鸟"中的一个憋不住笑了出来，"菜鸟"们才知道自己被耍了。

美国人其实也有他们的传统，在准备进入航天飞机或者太空船之前，美国宇航员都会到发射塔上的"地球上最后的厕所"方便一下。在格伦之后，美国的每个宇航员上天之前都会穿上尿不湿，或者至少备好导尿设备。尿不湿也成了航天活动的标配，在太空行走的时候，宇航员也会带上尿不湿。

俄国人对尿不湿就没有那么"感冒"了。经历了长时间在国际太空站的生活之后，再乘坐"联盟"号飞船返回地球之前需要做很多准备，让身体快速适应地球重力就很重要，因为宇航员在失重的环境中待了很久，返航的时候可能会出现血压降低的问题，最好的办法是出发前大量补充盐水。俄国人却不喜欢大量补水，他们宁可选择出发前补充大量盐分。原因很简单，他们不喜欢在三个多小时的回程中穿着尿不湿，当然他们也不喜欢憋着一泡尿或者尿裤子。

"魔鬼都在细节之中"

讲了那么多尿不湿，立意并不是要讲航天的段子，而是因为一句老话："魔鬼都在细节之中。"上厕所，是航天活动中排名前三的重要细节。另外两个一个是水处理，也和尿液相关，因为空间站上大部分的水都来自对宇航员尿液的循环处理；另一个则是空气净化系统，确保航天站上的二氧化碳含量不超标。

其实读凯利的《持久》到中途，会觉得它很像《海底两万里》这种科幻小说，一个是日复一日地在太空漂浮，一个则是日复一日地在海底探险。凯利每天写下日常点滴，总会记录出了些什么差错：今天尿液净化器坏了，花了一整天抢修；明天空气净化器出问题，二氧化碳浓度过高；后天俄罗斯的"进步"号补给飞船没有进入正确轨道，SpaceX的飞船也在升空中爆炸，计划的两次补给都打了水漂，虽然还没有引起恐慌，但宇航员们也需要开始规划，如果没有足够的水、食物和氧气该怎么办。这些都像极了《海底两万里》中凡尔纳想象的海底探险，面临的问题几乎一模一样。

厕所是国际空间站上最重要的设备，如果厕所坏了，宇航员们只有一个选择——弃船逃生。但如果飞向火星的飞船上厕所坏了，那宇航员只有死路一条。所以修厕所是宇航员非常重要的工作之一。空间站上的厕所还有一个专有名词，叫作 White Hygiene Compartment，也就是白色清洁舱，简称（WHC），可见其重要性。拆卸厕所也有一整套流程，要把拆下来的零部件在工作区周边固定好。

洗澡和换洗衣服是另一个有趣的细节。凯利第一次乘航天飞机上天时，也免不了被老宇航员戏弄。其中一位就把他的备用内裤都藏了起来，害得他在整个为期 7 天的航天全过程中只换了一条内裤。不过他反倒因祸得福地自省道：无论是在航天飞机还是在空间站里，洗澡和洗衣服都是不可能的，所谓的淋浴，不过是用毛巾把身上干了的汗渍擦拭掉而已；长期居住在空间站上，没办法换洗衣服，脏的衣服只能直接扔掉，所以，长途飞行中，宇航员要尽可能地把衣服穿得久些。凯利在第一次航天飞行中遭遇的恶作剧，就算是为此后他在空间站上长期居住做了准备。

在太空，为了保持肌肉不萎缩、骨骼不退化，宇航员每天都需要一定时间的锻炼，跑步机当然少不了。这里又有一个很少有人提及的细节：如果跑步方式不当，可能会让空间站机毁人亡。这听起来耸人听闻，但是宇航员跑步时有规律的脚步节奏，如果其频率恰好契合了某个引发空间站共振的频率，所引发的共振会带来致命的危险，有可能撕裂整个空间站。因此挂在墙上的跑步机（在失重的环境里是不分上下左右的，完全可以站在挂在墙上的跑步机上跑步，就是挂在天花板上也没问题）会配备有专门的共振消除器。

太空中还有一个必须关注的细节，那就是人的心理。从某种意义上说，在空间站上为期一年的旅行，不仅是观察身体变化的科学试验，也是一场心理试验。空间站上每 3 个月就会迎来或者送走一批宇航员，这都在考验常驻者的心理。别离的心理复杂而微妙。对凯利而言，他能从自己的生活深处找到类比，比如和小女儿道别，看见她挥了挥手走进登机口一下子就不见了的感觉（离婚了的凯利会定期把小女儿接来住几天），就跟返回舱的舱门关闭之后，三名共处了 3 个月的同志们的身影一下子就不见了一样。虽然麦克风里还能听见他们和地面的沟通，可人已经不在身边了，而几个小时之后，三人小组就降落在哈萨克斯坦，"天人两隔"。

这种与人接触的细腻感觉，在爱人之间尤为浓烈。在空间站待了 9 个多月之后，凯利的伴侣告诉他自己心理的微妙变化。她很担心，因为已经记不起他的味道或者与他拥抱的感觉了。情感的保鲜度在太空也遇到了挑战。凯利拍了一张空间站越过休斯敦的夜景航拍照片，表达了自己的思念。

俄美文化的差别

不过，到了需要离开空间站的时候，那种反向的乡愁也异常浓烈——还没有离开就充满了思念。乘坐"联盟"号返回舱返回地球的三个半小时，也充满了惊心动魄的细节：进入大气层，坠落的速度超过音速，舷窗外一片火红，好像几米之外有人用火焰喷射器对准你发射一般，画面诡异而让人有隐隐的担忧；在最后着陆阶段，当降落伞打开的时候，返回舱会有非常大的震动，仿佛火车出轨一般。如果宇航员心态放松，着陆的最后 25 分钟就好像在体验全世界最精彩的过山车，刺激无比；如果心态紧张而担心，很多宇航员会告诉你，那是一段濒死的经验。

凯利做了一个类比，坐航天飞机返回地球像在纽约第五大道上开着宾利，而坐俄罗斯返回舱返回地面像在颠簸无铺装的路面上驾驶着二手的拉达（俄罗斯汽车品牌）。这一句话恰恰道出了俄美两国在科学和设计理念及文化上的差异。

俄罗斯崇尚简单实用。俄罗斯宇航局对航天的观念一直是：便宜有效地执行航天任务。"联盟"号飞船就很好地体现了这一原则——简单、便宜、耐用。相比之下，航天飞机要复杂得多，既是重载航天器，又是太空实验室，还是卫星回收舱。

俄罗斯的科学设计观念也是简单高效，如果一种设计不错，就不会设计第二种。比如"进步"号无人补给飞船和"联盟"号飞船的设计基本一样，就像俄罗斯套娃一样。甚至密闭太空服的拉链，俄罗斯人设计好了之后发现简单有效，就把同样的拉链用在太空的封闭式垃圾袋上了。想象一下——你夹克的拉链和垃圾袋上的拉链是一样的。

不仅俄罗斯的工程师崇尚简单实用，俄罗斯的宇航员也是实用主义者。一次俄美宇航员讨论太空上应该种什么蔬菜，美国人和俄罗斯人就有不同的观点。每次补给飞船对接时，让宇航员们最兴奋的就是能够吃到一些新鲜水果和蔬菜。不过运送到空间站的新鲜水果和蔬菜，腐败速度比在地面上快得多。而如果要出发去火星，光单程就需要至少9个月的时间，而且不像在地球轨道上可以不时有飞船补给，因此，在太空船上种菜就变得特别重要。

美国人已经在空间站上实验了种莴苣，又种了百日草，还想进一步种番茄，因为他们认为番茄可以有效提供营养价值。俄罗斯人听了之后摇摇头，回答说：如果真的要种点什么，还是种土豆划算，种番茄那是浪费。原因很简单，土豆可以算作一种粮食，有了土豆就不会饿死。想想科幻电影《火星》上的情节！当然，俄国人也有他们的"小九九"——土豆也可以用来酿造伏特加！

俄美两国人对风险则有着不同的认知。比如，1969年之后，俄罗斯从来没有中途叫停过一次载人发射，对他们来说，发射前的读秒只是走形式而已。美国则完全不同，即使火箭发动机已经启动，美国宇航局在最后一刻暂停发射的情况比比皆是。

你可以说俄罗斯人很冒险。可是到了太空行走的时候，美国人和俄罗斯人却有截然不同的态度。因为空间站每90分钟绕地球飞行一圈，这意味着每隔45分钟，空间站会飞到地球的阴影之中，空间站外一片漆黑，只有地面的灯光能给人一点方向的指引。俄罗斯宇航局规定，在没有阳光的时候，太空行走的宇航员就停下来休息。这么做会安全得多，因为避免了宇航员在漆黑的环境中有所失误，但是这也意味着为了完成同样的太空行走任务，俄罗斯宇航员需要多花费一倍的时间和资源。美国宇航员则不会中途停下来休息。到底哪种做法更好呢？

如果上面这两个例子很难让人判断俄罗斯人到底是冒险还是保守，那么下面这个例子会更有"俄罗斯特色"。航天飞机发射前宇航员都要经过安全消毒隔离，避免带细菌上天，减少在太空生病的可能。在为期一年的航天任务开始之前，凯利经过了安全消毒隔离，乘坐大巴前往发射塔，可是半路大巴停了下来（在宇航员下车撒尿那次之后），门打开了，凯利的哥哥马克上了车。马克也是宇航员，他一路坐在凯利身边，陪他抵达发射场。俄罗斯人显然很通人情，马克的出现的确给了凯利一个巨大的惊喜。但是让已经消毒隔离过的宇航员接触到没有消毒的人，明显违反了流程。人情与规定，哪个更重要呢？

最大的文化差异还体现在宇航员与地面的沟通上。美国的宇航员会直言不讳空间站上出了什么问题；俄罗斯宇航员与地面的沟通却非常程式化，明明地面上可以看到很多数据，地面却仍然向宇航员询问各种指数，宇航员也要一一报出。地面问宇航员状况如何，俄罗斯宇航员唯一的回答是"很好"。凯利好几次和俄罗斯宇航员开玩笑，撺掇他们在和地面沟通时回答"还凑合"甚至"不太好"，并且答应如果他们这么做，凯利愿意给他们"小费"，可是没有一个俄罗斯宇航员愿意这么做。凯利的理论是，美国宇航员和俄罗斯宇航员的薪酬激励不同。美国宇航员的基本工资是俄罗斯宇航员的好几倍，但是"航天津贴"却很少，一小时只有几美元。俄罗斯宇航员则不同，虽然基本工资低，但每天的太空飞行补贴很高。不过，如果没有达到令地面满意的标准，他们的补贴很可能被卡扣，甚至他们未来上天的机会也会成问题，所以俄罗斯宇航员不管发生什么情况，都回答"很好"。

全球的视角

到了 2016 年完成任务时，凯利成为在国际空间站上单次停留时间最长的美国宇航员，不过全人类航天飞行的纪录仍然由俄罗斯人保持。空间站是来自全世界各国的宇航员们一起生活、一起合作的一个平台。在俯瞰地球的轨道上，调控站是工程与合作的胜利，宇航员们也有了超越世俗的观察视角，尤其是对全人类共享的地球。

凯利就记下了这样一个美妙的瞬间。有一天夜半三点，他起身上厕所的时候，发现一位刚刚登上空间站不久的女宇航员待在可以俯瞰地球的穹顶舱吹长笛。空间站以每小时超过两万公里的速度扫过地球，悠远的长笛声仿佛天籁。这一幕天人之际的美景，超越了尘世间的一切。

当然，空间站上的生活大多数时候仍然是世俗的。俄罗斯宇航员大多数时候待在俄罗斯部分，美国宇航员待在美国部分，而每周五聚餐的时候，他们一定会聚在一起。俄罗斯与美国在太空也有易货贸易，空间站上的空气、水、食物甚至"进步"号飞船返回舱里装垃圾的空间，都是俄美交易的标的。当然宇航员们有时候也会背着地面私下交易，只讲交情，不论价钱。

国际空间站主要是为科学实验和未来的旅行——尤其是飞向火星的旅行——做准备，因为人是太空旅行中最脆弱的环节。凯利和他的双胞胎哥哥马克就是两个样本，一个在天上，一个在地面。主要的科学试验之一就是观察一年的太空旅行对凯利的身体和基因会有什么影响。

在 2015 年开始这次试验之前，科学家已经知道，太空旅行中会有超量的辐射，可能导致宇航员肌肉萎缩、骨质疏松，他们的心血管健康也会受到影响。整体而言，太空旅行会加速人的衰老，过量辐射也会导致患癌概率上升。在凯利完成试验之后，对双胞胎的研究仍在继续。

关于如何挑战人类的太空梦想，如何进行超远距离的太空探险，凯利在《持久》这本书中的总结也非常有价值。太空探险的关键点是如何进行资源管理，尤其是对水和空气的管理，这才是空间站在长期载人飞行实验中最重要的意义，因为细节决定成败。

别让"蓝色的谎言"泛滥

"Dare to understand"是哈佛大学教授史蒂芬·平克（Steven Pinker）在《当下的启蒙》（*Enlightenment Now*）一书中反复强调的一句话，翻译过来就是"敢于知晓"。这句话是康德对 18 世纪启蒙运动所倡导的价值观的总结。平克在这本书中列举了大量的数字，告诉我们为什么要对未来充满乐观——因为全世界各个领域都在日积月累地持续取得进步。比如，当今世界的富裕程度大约是 200 年前的 100 倍，而且与普遍的看法相反，财富分配也更趋于均衡；如今每年死于战争的人数不到 20 世纪 80 年代的四分之一，或相当于二战死亡人数的 0.5%；人们不仅更富足，而且更聪明，无论在世界何处，人们的智商分数都在不断上升，100 年来提高了 30 分之多，也就是说，如今一个普通人的智商得分比一个世纪前 98% 的人都要高。

不过,这本书的价值如果仅仅是告诉我们当今的世界已经很牛了,那么比尔·盖茨不会说"这是我最喜欢读的一本书"。

平克这本书的价值在于重申"启蒙还在路上"。启蒙的思想对推动当下的进步仍然具有巨大的意义,恰如本书的副标题——"为理性、科学、人本主义和进步声辩"(*The Case for Reason, Science, Humanism, and Progress*)。平克在书中试图回答一个无论东西方都面临的重大议题:为什么我们现在积累了前人所无法想象的知识,强大的运算能力与工具都唾手可及,思想可以一键分享,但是整个世界却变得更加"非理性"?换句话说,平克想要回答的是:为什么在一个科学昌明的时代,盲从和民粹还会有如此大的发展空间?

一个原因是,越来越多的人习惯于给出"蓝色的谎言"。

我们都听说过"善意的谎言",英语叫作 white lies,也就是"出于好意而说出的谎言,为了他人着想而说出的谎言"。那什么是"蓝色的谎言"(blue lies)呢?简单说起来就是,很多时候有些人会表达一些匪夷所思的奇谈怪论,比如欧美有不少人说不相信进化论,或者并不认为温室气体会导致全球变暖。他们这么说,并不是因为他们没有受到相应的教育,不了解进化论或者全球变暖背后的科学分析,也不是因为他们想要去探讨这些科学分析中的特定观点。他们之所以这么说,是因为他们是在"说给别人听",是在表达一种态度,传递一种讯号。

按照平克的考据,"蓝色的谎言"最早说的就是美国警队持续表达的一种态度——警队穿着蓝色的制服。每当出现白人警察射杀黑人青年的案件时，无论具体的案件事实是多么千差万别，警队一开始的态度总是一致的：白人警察是在面临生命危险的情况下不得不做出开枪的选择。这种"蓝色的谎言"，目的是表达一个团体的向心力，而不是对事实做出评价。在传播"蓝色的谎言"的人的眼中，小团体的团结比事实、真知更为重要。

"蓝色的谎言"还起着挑衅、刺痛对方的作用。比如在关于全球变暖的讨论中，那些坚持温室气体排放不会导致全球变暖的论者，更愿意用这种论调来刺痛环境保护主义者，就是要用自己的无所谓反衬出环保主义者的想法是在"杞人忧天"。按照人类学家的说法，你标榜的观点越无稽，你传递出来的信号也就越强烈！

当然，"蓝色的谎言"还有一种倾向，说得严重一点，就是递交"投名状"。如果在对手看来是匪夷所思的言论，却能巩固自己在小团体里的地位，那么这样的"蓝色的谎言"说得越多，内部的加分也就越高。

问题是，"蓝色的谎言"的泛滥就是非理性的泛滥，后果很严重。就单独的个体而言，贩卖一下"蓝色的谎言"很可能是理性的选择，但绝对不是理性的思考；而如果整个社会都根据"蓝色的谎言"来行动，结果将是灾难性的。比如说，当越来越多的人不再关心全球变暖，也不支持减缓全球变暖的行动，等到南极冰盖融化，纽约和上海都沉没于海底的时候，再做政策检讨就晚了。

还有两点也值得我们去深入思考对"非理性"的担心。第一点是

"厕所实验"的理论告诉我们，我们自己所知道的其实比我们想象的要少得多。比如，问你上厕所怎么操作，你肯定说我知道；但如果要你详细去解释抽水马桶的工作原理，你就不一定能答上来了。第二点是圈层化的加剧，虽然我们处在一个知识大爆炸的时代，但是没有多少人乐意每天追求新知，他们更愿意选择那些强化他们固有认知的消息，就好像球队的粉丝一样。粉丝去了解球队的新闻，希望的是强化他们与球队的纽带，并不是真的关心球队的球技有多大长进。

了解了这些之后，就可以更清楚地理解平克为什么要强调"理性"，强调"Dare to understand"了，因为理性并不是想当然的，信息的爆炸并不一定会带来更为深邃的思考。

呼唤理性，当代人比启蒙一代的人有着优渥得多的条件。就个体而言，当代人比起启蒙一代的人具备更为强大的思辨的大脑，因为相比200年前，现代人摄入了好得多的营养，而"大脑是最贪吃的器官"。此外，我们所处的社会也给予了大脑多得多的刺激。我们身处的环境中广泛采用视觉符号，比如地铁线路图或者数字显示屏，它们刺激着我们的感官，类似电子表格、股票报告这样的分析工具也被广泛采用；另外，各种学术概念，比如"供求""通胀"等，也逐步渗透到日常语汇之中，这些都激发了人们更多的分析性思考。

更好地去应用更为聪明的大脑，就需要贯彻理性思考的一系列规则和范式，比如激发不断挑战智力的好奇心、允许公开透明的思辨、强调对权威和教条的质疑、用事实和实证来检验理论等。

当平克梳理完启蒙运动以来全人类社会的巨大发展之后，他也反复强调，社会和发展都将变得日益复杂，亿万个个体组成的社会中，个体的诉求千差万别，各自为自己的福祉而努力带来的是纷繁的选择。这个时候，推进公共治理的最佳态度是开放的心态和科学的方法，用开放的心态来不断找出最佳实践，用科学的方法不断检验理论和政策。

检验社会治理的最终指标，应该是每个人都能繁荣成长，生活丰富、健康快乐、自由友爱、知识富足，而平克把这些定义为"人本主义"。

平克也特别强调社会治理的改善不应该像球队的对抗那样一定要分出赢家和输家，而更应该像科学实验那样提出假设，在现实中试错，从失败中汲取经验，不断改良，推动进步。在过往的实践中，人类已经总结出：拥有好的社会机构与组织、保障每个公民的权利、推动自由的市场、加大民生的投入和对法治的监管是推动经济与社会发展的良方。科技的发展，尤其是大数据和人工智能的飞速发展，让在此基础上不断提升治理水平的可能性更大了。数字革命让我们能够实时观察到个体的行为和他们的行为加总之后的趋势，也让我们可以实时验证哪些理论是正确的，哪种政策最有效。

这个时候，再次强调启蒙的思想——理性、科学、人本主义与进步变得尤为重要。因为只有坚持理性，才能不惧怕改变，乐于接受批评，拥抱创新。

2019 年，慢即是快

经济放缓成了 2019 年的烦心事。如何应对？和经济需要结构性调整一样，每个人的工作方式也需要有大的变化。记住一句话：慢即是快！俗话说得好：低头赶路，也要记得歇歇脚抬头看天。忙于工作，常常陷入具体的事务之中而见树不见林，会导致大局观的缺失。2019 年恰恰是一个应该放慢脚步，仔细思量的年份。

为什么慢即是快？这里提供三个视角。

首先，问自己一个问题：忙碌等于效率吗？过去几年，很多人忙到疯，因为忙碌被等同于打拼、努力。但是每天加班，成天开会，工作真的完成得更多更好吗？比如 40 人一起开半天的会，所耗费的人工就是 160 个小时，如果只是为了听几位领导讲话，到底是不是造成了时间的浪费？全球五百强中很多企业都开始用开会所耗费的总小时量来衡量工作的效率，避免无谓的开会，就是把效率放在了第一位。按照最新的管理学研究，3 人开会效率最高，因为可以就信息充分沟通，又可以引入不同的视角。

慢下来，其实是一个很好的机会，让我们去检讨工作方式有没有优化的空间。提升效率，首先就要做好时间管理。很多人以为好的时间管理是在更短的时间内完成更多的事务，认为不断填满工作的时间，给自己找事做，让自己变得超级忙才是好的时间管理。这种理解是错误的。真正好的时间管理应该是对自己工作任务的管理，致力于提升工作的效果。同时做 7 件事，很容易顾此失彼，如果剔除其中的 4 件，就可以把剩下的 3 件事做得更好。好的时间管理也要避免被打扰，留出整块的时间专注于做好一两件事情。社交媒体把每个人的时间都打碎，工作群里老板每 @ 你一次，似乎你都得立刻回复。但其实很多事情都可以等，等到你在留出的大块时间里完成首要工作之后。

其次，还要问一个问题，忙碌的背后到底是什么在驱动？快节奏的忙碌不只是中国人独有，西方也有一个词来形容整天停不下来的状态背后的原因，叫作 FOMO（Fear of Missing Out），也就是担心错过任何一次发展或者发财的机会。所以 2018 年年初在比特币涨幅接近 2 万美元的时候，会有那么多人盲目进场，其中有多少人是对数字货币或者去中心化有真正的理解和信仰的呢？

慢下来，也是一个很好的机会让我们去检讨自己为什么要这么忙，担心被落下是引起职场焦虑的一个很大的心理原因。世界变化太快了，每个人都认为机会稍纵即逝，今天不努力，明天就被"隔壁老王"甩出几条街。慢，其实需要自己心里真正放慢步伐，去花些时间思考到底什么是更重要的问题，去思索自己想要的到底是什么。工作与生活，就是一对取舍关系。在工作上花费了更多的时间，就一定会在生活中"欠账"。慢下来，在思考如何提升工作效率的同时，去思考生活中的重点，去思考工作之外还有什么更重要的事情需要自己投入。

最后，还需要反思一下"打拼"的概念。"商场如战场"的比喻深入人心，战争中的很多词汇被无差别地应用在职场之中，似乎只有通过不懈奋斗，才能取得成绩——而且是零和游戏，自己的成功总是建立在别人失败的基础上。但现实之中，职场里的协作和互助同样重要，好的合作需要沉稳与默契，不慌张、不焦躁。

慢就是换一套语汇去形容职场的状态。打拼，很多时候是在透支体力、潜力和资源，慢下来则是在经济周期下行的时候思考如何蓄势、补充能量、积累资源，包括可以合作的人脉资源。一味打拼在野蛮生长的时代或许是胜出的不二法门，但是当经济发展进入胶着竞争的时代，厚积薄发变得更重要。慢，是学会积累。

2018 年，很多人希望从知识付费中获得职场焦虑的解药，希望每天 10 分钟的听书可以增加自己的知识储备，结果遭遇了不少幻灭和吐槽。原因其实很简单，如果不改变"快"，也就是速成的心态，是不能真正慢下来的。咀嚼简化后的知识付费只会徒增焦虑。

慢下来，其实了每个人机会，去梳理和更新自己的知识储备，去构建适应未来多变的世界的知识谱系，而这种构建必须在慢阅读中完成。知识的碎片随处可得，知识结构的更新却需要每个人一步一步完成，既不能假他人之手，也来不得弯道超车。论积累和蓄势，慢即是快。

揭开"后真相"时代病灶

2018 年，一部名为《威慑与恐吓》（*Shock and Awe*）的影片在美国上映，描绘了"9·11"之后小布什政府选择入侵伊拉克时几位新闻人的坚守。在一个民粹主义和"假新闻"漫天飞的时代，回看这段近 20 年前的历史，十分发人深省。

影片的情节并不复杂。"9·11"之后，共和、民主两党政客和《纽约时报》《华盛顿邮报》等主流媒体都认同开战，认为美国政府提供的对萨达姆拥有大规模杀伤性武器的指控足以支持美军入侵伊拉克，对政府迟迟不能拿出确凿的证据并不深究，然而奈特里德（Knight Ridder）公司的几位新闻人却坚持对真相的追求，认为小布什政府入侵伊拉克的计划其实是军工集团与新自由主义者的苟合，在没有确凿证据的情况下出兵是为了满足军工集团的利益，新自由派也憧憬将美国式的民主空降给中东，因而根本不去深究中东强人政治下潜伏着的宗教极端情绪与部族冲突。

如今，奈特里德公司并不为大多数人所知，但在移动互联网时代之前，它曾经是美国最大的报业集团之一，鼎盛时期在全美拥有接近40家地方报纸。这部影片的主角是奈特里德公司华盛顿编辑部的主编和两名调查记者，在当时全国"9·11"复仇情绪高涨的情况下，发出反对的声音需要了不起的勇气和对新闻真相的执着追求。

这几位新闻人之所以能保持清醒的态度，一方面因为历史的前车之鉴让他们担心小布什可能会把美国拉入一个越战般的泥潭，另一方面则是因为奈特里德拥有大量地方报纸，它们的读者基础是广大平民，而华盛顿政府犯下的错误最终将让大多出身贫穷的美国大兵充当炮灰。主编的一番话点明了阶层差异造成的不同视角："我们不为那些把别人的孩子送上战场的人写作，我们为那些自己的孩子被送上战场的人而写。"在那些由精英做出的，可能以平民的宝贵生命为代价的决策面前，平民是拥有充分的知情权，还是只能被主流情绪所裹挟，是这部影片提出的最为尖锐的问题。

《黑天鹅》的作者塔勒布在其新作《切身利益》中不断强调：一定要让权利和责任对等。如果决策者决定发动战争，不管理由如何，他得做出表率，最起码得让自己的孩子率先上战场。例如《尔灵山》的作者，日本将军乃木希典，他的儿子就阵亡在攻打203高地的战斗中。而小布什却通过老爸的关系，于越战时在海岸警卫队中"躲"过了上战场，很多美国人对此不以为然。

在影片中，《纽约时报》等美国主流媒体被刻画成和政客共谋的角色，为了换取进入政客圈子的机会，不惜成为特定政策的传声筒。虽然这种批评不免失之苛责，但也的确代表了人们对精英媒体的一种观感，也是对精英的警醒。在信息来源方面，奈特里德的新闻人并不担心被华盛顿的达官显贵拒之门外，他们总是可以从政府中下层的职员和一些有操守的内部人士那里获得有价值的信息，这些人虽然无法参与决策，但整个政策制定和实施的过程中存在的各种问题——比如搜集伊拉克是否拥有大规模杀伤性武器的情报工作完全是结论先行的命题作业——逃不过这些人的眼睛。

伊拉克战争后来事态的发展给了精英一记响亮的耳光。战争爆发十几年后，伊拉克仍然没有从战争的阴影中完全走出，部族冲突、恐怖袭击都是家常便饭，极端组织 ISIS 仍然在中东肆虐。萨达姆被抓被审被杀固然是咎由自取，但伊拉克人也因为美军的入侵付出了 10 多万人死亡的惨重代价。美军伤亡人数约 2 万，耗费的资金则是 2 万亿美元。从某种意义上来说，影片中对美国军工集团早就希望发动一场战争来赚军火钱的指责并不是空穴来风，时任副总统切尼就任前曾担任 CEO 的公司哈里伯顿就在伊拉克的重建中赚了大钱。

然而，这部电影的价值并不仅仅在于证明近 20 年前的某个历史时刻大多数人错了，只有少数别具慧眼的新闻人做出了正确的判断。这部电影的真正价值在于，它为我们解读了"后真相"时代出现的背景，以及严肃媒体式微带来的危险。"后真相"时代，换句话说，就是一个社交媒体高度发达、眼球经济甚嚣尘上、贫富差距持续拉大、社会日益圈层化的时代。在这个时代，坚持真相的媒体前景黯淡。

奈特里德的几位新闻人在近 20 年前能够坚持对真相的追求，是因为他们的确能与远在军营、大农村、三线城市的读者相呼应，但即使在那时，他们要想与主流媒体的"假新闻"抗衡也几乎是无能为力的。2003 年年初，美军决定入侵伊拉克，我正在美国俄亥俄大学新闻学院读硕士，那时候几乎每天都是 24 小时有线新闻全景呈现，也好像是电子游戏一般——战斧导弹横飞，高射炮如无头苍蝇般狂舞——无限贴近现实却又根本不真实。没有多少美国人质疑开战的理由，也没有多少媒体担心陷入泥潭之后阵亡数字会高涨，很多人都坚持认为，重建会像对伊拉克部队摧枯拉朽式的打击一般容易。

"后真相"时代也是一个贫富分化持续加深的时代，在"9·11"之后的美国愈演愈烈，经历了 2008 年全球金融危机的洗礼之后，美国更是变得日益割裂：一方面，精英阶层享受了全球化的果实，虽然有金融危机的冲击，但是他们是从复苏中获益最多的人，也是近 10 年美股牛市的受益者；另一方面，普罗大众却经历了 10 年的收入停滞，金融危机中有 900 万美国家庭被银行收走了自己的房子，等房地产市场复苏之后，他们中的大多数却不得不承受房租上涨的压力。

与贫富差距拉大并生的是社会圈层化的日益加深，脸书这样的社交媒体起到了推波助澜的作用：一方面让"假新闻"的传播如虎添翼，另一方面也加深了信息的鸿沟。真相对于很多人而言已经不再重要，重要的是他们希望相信的信息，而这样的信息唾手可得且便于随手传播。

奈特里德被卖可以被看作严肃媒体式微的一个标志。自 2006 年被出售之后，奈特里德旗下的地方报纸大多数处境艰难，报纸赖以生存的广告被社交媒体瓜分。数字化转型对地方报纸而言更不容易，相反以吸引眼球为目标的新兴媒体却如雨后春笋般出现，大多以煽动性的文字见长，新闻专业主义则往往被抛诸脑后。

《威慑与恐吓》最大的贡献，是打碎了"精英/民粹""真相/谎言"的黑白脸谱。在一些情况下，精英的平台也可能为谎言推波助澜，民粹的声音也可能为真相摇旗呐喊。不过，如果"后真相"能够给传播者带来更多的收益，还会留下几个坚守者？

"长臂原则"如何瓦解他国商业巨头？

近几年，美国在外交与国际贸易中的不少做法，让世人对美国司法中的"长臂原则"有了深切体会。例如美国对伊朗的制裁影响到了许多跨国公司在伊朗的商业布局。由于特朗普政府单方面退出《伊核协议》（即《联合全面行动计划》，简称 JCPOA），并且表示要制裁与伊朗有经贸往来的外国公司，无论是欧洲的飞机制造商空中客车或者汽车制造商雷诺都不得不从刚刚复苏的伊朗市场撤出。

什么是"长臂原则"？简而言之，即由于美元在全球金融与贸易领域仍然处于主导地位，美国获得了比其国力更强悍的美元霸权，这就带给了美国司法机构一定程度的"治外法权"。因为全球大多数贸易和投资都是以美元计价，并通过纽约的美元清算体系结算，美国司法机构认为可以援引美国法律起诉利用美元清算的外国公司。跨国企业即使没有与美国有任何直接的商业往来，但如果想绕开美国的"治外法权"，也必须放弃用美元结算，不再利用任何以美元为基础的国际清算体系。在现实中，这么做是极其困难的，因此很多跨国企业不得不遵循美国的国内法律从而实现合规。

另一被经常使用的"治外法权"则是美国的《反海外腐败法》（FCPA）。FCPA 的立意很好，是为了禁止美国企业和与美国有经贸往来的企业直接或者间接（通过代理商）向海外政府公务人员行贿。但是在实操层面，只要一家企业与美国有一丝关联，比如在美国证券交易所上市，或使用美元交易，都能成为美国司法部援引 FCPA 展开调查的理由。而在 2008 年之后，这种利用"长臂原则"针对海外（非美国）跨国公司调查的案例越来越多，其选择性执法和频出的天价罚单（1 亿美元以上），让不了解美国司法制度的外国人不得不开始揣测，美国的"长臂原则"，除了"秀肌肉"之外，是不是还隐藏着其他目的。

法国人弗雷德里克·皮耶鲁齐的新书《美国陷阱》（与马修·阿伦合著）用他个人的亲身经历分析了美国司法的"长臂原则"，也给日益全球化的中国企业提出了许多重要的警示。2013 年，时任法国工业集团阿尔斯通全球锅炉业务负责人的皮耶鲁齐在美国出差时被捕，航班刚刚抵达纽约机场，他就被美国联邦调查局（FBI）的探员带走，开始了与美国司法体系长达 5 年的博弈，并且入狱服刑近 2 年。

FBI 带走皮耶鲁齐的原因就是怀疑他触犯了 FCPA，因为他在 2003 年参与了争取印度尼西亚一个 1.18 亿美元锅炉合同竞标的中间人谈判，而事后证明中间人曾经向印度尼西亚有关议员行贿。从严格意义上来说，皮耶鲁齐还不是阿尔斯通核心管理层成员，FBI 希望以抓捕他为突破口，深入调查阿尔斯通全球业务中涉嫌的各种行贿问题。

《美国陷阱》的记述凸显了皮耶鲁齐所理解的美国司法的"长臂原则"——选择性执法及司法背后可能裹挟的商业利益。作为亲身经历者，皮耶鲁齐对美国的司法制度做了细致的观察，尤其对司法机构用轻罪指控或者减刑来压迫和利诱嫌犯揭发或者做污点证人的做法，有比较深刻的批评。他因为应诉和服刑，辗转美国的多家监狱，也因此对美国监狱系统，尤其是外包给营利性机构经营的监狱系统中存在的各种问题，进行了全景式的揭露，其中就包括对经济罪嫌犯及未决嫌犯缺乏足够的保护。

但是，恰恰因为皮耶鲁齐的亲历者身份，书中也充满了他个人的怨愤，一些评述失之客观。比如，他认为的美国司法部"构陷"他的利益驱动——帮助通用电气（GE）压垮阿尔斯通，收购阿尔斯通的明星产业——就不够客观。因为事实上，GE 的这一并购被证明是 GE前任 CEO 杰夫·伊梅尔特任内最大的败笔，因为当时伊梅尔特根本没有预测到锅炉行业的整体衰落。

尽管如此，皮耶鲁齐的这本书仍然提出了两点重要的观察，值得各国企业警醒。

第一，美国司法的"长臂原则"的确有重点打击非美国的跨国公司的味道，对此，一方面可以阴谋论地揣测美国跨国公司在华盛顿的游说能力大大强于海外跨国公司，另一方面也凸显了美国司法部有通过诉讼让跨国公司就范、收取大量罚金的动机。

按照《美国陷阱》中的统计数据，截至 2014 年，司法部海外反腐调查案件中，只有 30% 涉及外国（非美国）的公司，但是这些公司贡献了罚款总额的 67%。而在罚款超过 1 亿美元的 26 个案例中，21 个是外资公司，包括西门子（8 亿美元）、道达尔（3.98 亿美元）和戴姆勒（1.85 亿美元）这样的欧洲巨型企业。相反，美国企业的游说似乎有效得多，司法部从没有在美国石油企业（比如美孚这样的巨头），或者国防企业（比如通用动力）等巨鳄身上挑出任何毛病。按照皮耶鲁齐的说法，这些领域和阿尔斯通所在的装备行业一样，都充斥着在海外交易中利用中间人行贿的潜规则，在这点上美国公司真能免俗？

值得注意的是，FCPA 早在 1977 年就已通过，在最初的 30 年并没有多少判例，但是 2008 年后开始有爆炸式增长。可以揣测，由于金融危机的影响，美国司法部通过 FCPA 案件给出巨额罚单可以补贴政府不足的预算。当然，由于美元清算体系在纽约，纽约的检察官处在"属地管理"的地位，也很愿意调查跨国公司这样的"大鱼"，因为一则可以扬名，二则可以带来巨额罚款，两者都会成为他们在政坛上进阶的资本。

第二，与美国的司法流程博弈，即使在欧洲人看来也不容易应对。首先，美国司法机构一开始会选择与嫌疑犯做交易，尤其是像皮耶鲁齐这样的"小鱼虾"，因为他们的目标是钓"大鱼"。FBI 第一次抓捕皮耶鲁齐时的谈话就是希望发展他做卧底。而在被调查企业内部发展卧底，搜集更多证据，是司法部常用的做法。阿尔斯通就有一位被美国司法部"策反"的卧底安插在公司核心部门，成为与调查人员全方位合作的眼线。可惜，皮耶鲁齐对此根本不了解。如果以事后阿尔斯通对他的态度来评判，选择合作可能可以使他避免深陷牢狱之灾。当皮耶鲁齐选择不合作，寄希望于律师的辩护之后，美国司法机构采用第二招，狂轰滥炸，用海量的文件来拖垮当事人。在美国，查阅卷宗、对案件进行复核鉴定、寻找有利于被告的证词，这些步骤的费用都必须由被告人支付，因此狂轰滥炸式的策略，比如检方提出几百万份文件，就可能压垮大多数被告人——因为看完这些文件需要律师付出大量时间，律师费也会贵得惊人。

最终，皮耶鲁齐虽然并不认为自己有罪——他只是阿尔斯通隐秘雇用中间人流程中的一环，而按照欧洲人的理解，如果企业高管只是按章办事，没有中饱私囊，那么即使企业被判触犯海外反垄断法，也不应该由个人来承担责任——他仍然不得不选择认轻罪，并因为审判所在地美国康涅狄格州从未审理过FCPA案件，法官希望树立一个典型，而被"重判"了30个月监禁。

对于我们而言，《美国陷阱》一书最重要的意义在于提醒中国跨国企业，必须直面全球化过程中的法律风险。一方面，中国跨国企业需要进一步认清美国的"治外法权"可能给企业及企业高管带来的新风险；另一方面，中国的跨国公司也非常有必要进行"普法"教育，因为在短期内美国司法体系的"长臂原则"不会改变，只有了解不同的司法实践，致力于合规，才能对企业和企业高管真正给予有效的保护。而美国对海外反腐法更为严格的执行，在全球基本已经成为大趋势，许多发达国家都已经签署了《OECD 反腐败公约》，这些都值得中国立法机构思考。

美式"铁饭碗"的瓦解

简斯维尔（Janesville）是美国中西部威斯康星州的一个汽车城。之所以是汽车城，是因为这里在一战之后就建成了通用汽车的一家装配厂，也是当地最大的雇主，通用出产的第 1 亿辆汽车就是在这里下线的。

可不幸的是，这座汽车城成了 2008 年全球金融危机的牺牲品。汽车行业是景气循环的先行者，汽车销量的下滑是美国经济出问题的预兆，而生产全尺寸 SUV 雪佛兰塔赫（Tahoe）的简斯维尔工厂，根本无法抵御经济下滑的消费紧缩和油价上升的消费变化，产量骤减让通用找到了关停工厂的理由。

工厂关闭给简斯维尔带来的震动，就好像美国股市的暴跌给全球经济带来的冲击一样，令人猝不及防。

不同的是，简斯维尔给出了一个理解金融危机带来冲击的物理样本，也是美国资本主义过去50年发展变迁的样本。《简斯维尔：一个美国故事》（*Janesville :An American Story*）一书聚焦这座汽车城从2008年金融危机到汽车厂关闭之后五六年的故事，续写了美国经济从危机走出的复苏经历。

对这种复苏，资本和劳工两个阶级的感受截然不同，这既解释了为什么美国会在2016年特朗普上台之后日益拥抱保守主义和民粹主义，也为威斯康星州成为特朗普上台背后的助推力之一给出了注脚——威斯康星州这个曾经的民主党票仓恰恰是特朗普从希拉里手上赢得的最重要的"摇摆州"。

美式的"铁饭碗"

简斯维尔通用汽车装配厂突然关闭，其影响的涟漪从供应商扩展到社区服务业（餐饮、娱乐甚至幼托），再到房地产行业。房地产既是2008年金融危机的源头，又因金融危机给普通老百姓带来了巨大冲击。房价下跌，失业增加，贷款断供，房屋被银行抵押拍卖，许多人无家可归。随之涌现的是各种社会问题。

失业者更可能陷入酗酒、家暴、吸毒（包括药物上瘾）等各种问题难以自拔，而生活在这样家庭中的年轻人则有可能过早地无家可归、失学或者失业。甚至那些在当地学校表现好的孩子，也很难筹集到足够的资金以支付大学的学费和生活费——这还是在美国公立大学学费激增之前，即使家庭条件稍好一些的，也不得不靠打工和贷款艰难地完成学业。当生活的宁静被撞击打破的时候，一个个鲜活个体的悲惨处境让人动容。

但是如果从更长的时间跨度来看这家通用汽车工厂及工厂所主导的城市的变化，会发现战后美国的繁荣塑造了一种"铁饭碗"，而简斯维尔恰恰是这种"铁饭碗"的代表，工会与资本的博弈保障了制造业工人（包括通用汽车流水线上的工人，以及通用供应商在当地开办的工厂里的工人）的权益。这种权益实行的是年资制，工人工作年限越长，保障就越丰厚，不仅工资有保障，到了62岁退休还能拿到稳定的退休金。

"铁饭碗"还体现在工人的"近亲繁殖"上，小镇的年轻人如果想进通用工厂，必须有一名现有员工推荐，而通用的员工每人只有一次推荐的机会，推荐机会当然会给自己的孩子或者子侄辈里的佼佼者。这像极了国内当年的"顶职"——父亲提早退休，把"铁饭碗"让给自己的儿子。

长达几十年历史的通用汽车装配厂是简斯维尔小城社区的基石。很多家庭三代人都在工厂中工作，整个社区几乎都是围绕工厂而生，成为白人工人阶级中产生活的样本。这种中产生活有盼头、有秩序、有保障。小城青年的理想并不是努力进大学拿一张金灿灿的文凭，而是高中毕业之后就能找到一份稳定的工作。

男生的理想是能进通用工厂做工，招工并不是每年都有，即使进不了通用，也至少要进一级供应商的工厂，比如说制作座椅的李尔公司。女生的理想则是进入派克钢笔厂，派克钢笔是当地另一家土生土长的全球企业。

21世纪初，通用工厂一个工人的工资高达每小时28美元，如果按照每周40小时计算，折合年薪约6万美元；如果加上加班费，年薪甚至可能超过10万美元。如此高的收入，足够支持一个四口之家过上中产生活。在当地，通用工人的确过着有房有车的生活，孩子能参加各种课外活动，每个月家人还能出去郊游、野餐、露营，也足够为当地各种慈善机构慷慨解囊……

当然，没有什么能天长地久，"铁饭碗"的生活注定会被打破，而这种打破也有着"铁饭碗"的特点。在通用工厂工作了10年以上的工人都记得自己的"入职日"，因为入职日和考评、涨工资相关。景气的时候，汽车工厂两班乃至三班倒是常事，因为流水线不停，工人换班是资产利用率最高的方式；可是当经济不景气，工厂要关掉一个流水线上的班次时，什么人率先被"下岗"，看的就是入职的时间。老人老办法，新人新办法，"下岗"的首先是年资浅的工人。

不过，通用工厂的几千名工人，谁也没想过工厂说关闭就关闭了，每个人都寄希望于经济复苏之后工厂会重新开门。这种希望是对"铁饭碗"的期望，是对收入稳定后能重新维持之前的中产生活水平的期望，是对努力工作就能过上幸福生活的期望。而这种期望，在2008年金融危机之后被彻底打碎了。"铁饭碗"又是如何被彻底打破的呢？

美国梦和梦醒时分

"铁饭碗"的瓦解，并不是从金融危机才开始的。毋宁说，金融危机是"铁饭碗"最终瓦解的临门一脚。"铁饭碗"体现的，是资本与劳工两个阶层的博弈。28 美元的时薪、丰厚的加班费、良好的医疗保险、优渥的退休金，这些都是几十年来工会争取的结果，但这也注定了美国制造业在全球竞争的格局中没有太多竞争力。

经历了 20 世纪五六十年代的普惠发展，追求股东价值成为许多企业发展的唯一目标。在《短工：美国工作、美国商业和美国梦怎么都变成临时的？》（ *Temp : How American Work, American Business, and the American Dream Became Temporary* ）这本书里，历史学家路易斯·海曼（Louis Hyman）分析说，企业的逐利性开始不断瓦解工人（工会）的力量，天平日益从劳方向资方倾斜，从上到下颠覆了就业市场。在过去 20 年，外包工作逐渐取代了曾经办公室白领的职位，小时工则替代了更多加入工会的工人，结果是美国职场变得越来越灵活，而工作却变得越来越缺乏安全感。

曼哈顿研究所的奥伦·卡斯（Oren Cass）在《一度和未来的工人》（ *The Once and Future Worker* ）一书中着重分析了这种变化，强调逐利的资本主义丧失了对劳动者的关心。卡斯认为，美国的经济政策制定者已经放弃了对工人和劳动市场的健康的关注，取而代之的是专注于刺激经济的增长，鼓励消费拉动，寄希望于通过二次分配来给予穷人一点施舍。

　　这恰恰是资本的共谋，通用汽车这样的巨型企业一下子多了很多选择，让资方在与工会的谈判中不再有所顾忌。他们要么要求削减工人福利，要么以把工厂搬迁到国境之南的墨西哥作为要挟。

　　过去几十年中，工会的式微也令被工会代表的工人的比例下降到了可怜的八分之一。有没有工会保障决定了工人待遇的不同，劳工阶层中分出了三六九等，创造出了"同工不同酬"的不公平。在简斯维尔通用汽车工厂工作的工人其实很遭当地其他工厂工人的"眼红"，就是因为工会为他们争取的利益要大得多。

　　传统意义上的美国梦，强调的是"任何人只要努力工作，就能过上体面的生活"，而资本的逐利性刺破了这个"美国梦"，也刺破了在简斯维尔生活了几代人的梦。

　　梦醒时分，制造业的工人阶级不仅被打破了"铁饭碗"，甚至失去了前途，失去了保障，失去了安全感。金融危机结束10年后，美国的失业率是过去50年以来最低的3.6%。这是不是意味着简斯维尔的工人又重新找回了过上中产阶级生活的阶梯？

　　答案是否定的。摆在他们面前的只是更多打零工的机会，全是低收入的服务业工作。好的工作机会当然需要人才，但那至少需要大学学位，甚至更高的学历，只有高中学历的工人不再有机会找回稳定且收入丰厚的岗位。圈层化和阶层固化更体现在工作机会的差别，以及社会流动性的降低上。工人家庭的孩子，尤其是遭受了冲击之后的工人家庭的孩子，能上大学、能上得起大学的比例甚至更小；而他们中大多数没有上大学的人，需要跟失业的父辈争夺工作机会，简斯维尔成了当下美国社会撕裂的代表。

撕裂的美国

应对通用装配工厂的大规模失业，社会工作者的做法是帮助工人们培训转岗，给予这些只有高中文凭甚至高中辍学的人以再就业培训的机会，帮助他们找到新工作。社会工作者也希望大多数人能够完成两年的专业培训，拿到副学士学位，以帮助他们开拓出一条新路。参与培训的人很多，当地的培训学院甚至一口气开出 88 门新的课程。但是对于这些 40 岁左右，在工厂已经工作了接近 20 年的"老"工人，这样的培训效果不大。

他们中很多人甚至连电脑都不会使用（2008 年仍然是"前智能手机时代"），他们并不知道应该选择什么新职业，培训学院显然也不清楚到底给他们什么样的培训才能真正保证他们有出路。工人中的大多数仍然幻想着工厂重新开工的那一天。某年当地的警察局出了 4 个空缺，竟然有 4000 人应聘，可见他们对"铁饭碗"的追捧。警察局的职位虽然也是时薪，而且大大低于生产线上的薪水，但那至少是吃"皇粮"，有完善的健康保险和休假。

简斯维尔之所以被选为观察的样本，也因为这里是美国众议员保罗·瑞安（Paul Ryan）的故乡。瑞安在 2012 年崭露头角，被共和党提名为副总统候选人，与罗姆尼搭档挑战奥巴马。虽然大选失败，但瑞安之后仍然在国会继续升迁，2015 年成为众议院议长，2017 年帮助特朗普推动了史上最大的减税方案，是国会财政预算保守主义的代言人。

当通用决定关闭当地工厂的时候，瑞安曾经极力游说通用改变决定。金融危机过后两三年，经济有所转机之后，以瑞安为代表的政客也极力推动通用的回归。不过，吸引通用回归的方式不是简单的游说，而是地方税收减免和优惠政策的大比拼。可以说，这种吸引大型制造业回归的做法是大企业在全美"选美"，或者说美国式的招商引资的开始。

2018 年最受诟病的就是亚马逊在全美建设第二总部的"选美"热潮，引发超过 100 个城市参与招标，其总体的做法与全球传统的招商模式没有什么本质的不同：税收减免、政府提供资金配套、政府投资相关的公共设施的建设。

当然，在州的层面，还有降低劳工标准的妥协，迫使工会妥协接受更低的时薪、更差的保障。为了赢回通用汽车，威斯康星州开出了接近 2 亿美元的价码，吸引通用将小型车的生产线放在简斯维尔。而隔壁的密歇根州，也就是"汽车城"底特律所在州，开出的价码是它的 4 倍。结果没有悬念，简斯维尔的工厂被彻底关闭。

以简斯维尔当地银行行长和当地女企业家为代表的本地商业势力提议向前看，不再寄希望于通用工厂的回归，而是推动简斯维尔成为一个新的创业之都。他们提出了"振兴计划 5.0"，从企业界募集了

100 万美元的捐款，希望吸引创新公司来到简斯维尔。他们提出的招商计划和传统政客的类似，都包含税收减免、资金配套和公共投资，但是他们对传统制造业已经失去了信心，他们更看重新兴产业的机会和转型的机会。

2016 年，危机已经过去了 8 年，美国也早已走出了危机，进入新一轮循环，通用出产的 SUV 雪佛兰塔赫再次成为老百姓的宠儿，紧凑型汽车几乎没有了销路。但是这样的景气并没有给简斯维尔带来浴火重生的机会，通用工厂也没有再开。不过，简斯维尔并没有变得死气沉沉，它分裂成了两个互不相通的城市。

瑞安和当地商业代表推动了一个复兴成功的简斯维尔，他们可以用一系列经济数据来描述这种复兴：吸引的创新公司有了起色，当地的工业用地使用率大幅提升，失业率从两位数下降到了 4%，通用的工厂甚至被描述为"工业的大教堂"（想象一下落日余晖下废弃的庞然大物）。

社会工作者、帮助工人再培训和转岗的社工及就业介绍所，他们看到的却是另一个简斯维尔，一个失去了信心的简斯维尔，一个工人中产阶层失去了安全感的简斯维尔，一个依赖个人的努力和工作就能让一家人过上基本的中产生活的美国梦破碎的简斯维尔。工人中产阶层的彻底瓦解是撕裂的简斯维尔的最大表征。

这也解释了为什么特朗普有机会成为白人蓝领工人的代言人。

瑞安作为共和党的"建制派"并不被简斯维尔苦难的工人阶层所

待见，希拉里作为奥巴马政策的继续者，让很多选民失去了信心。虽然奥巴马政策高调、演讲感人，但在实操层面根本无法克服官僚体系的繁文缛节，无法兑现其承诺的创造就业、保护劳工的政策的贯彻执行，这让简斯维尔的工人阶层彻底灰了心。特朗普作为"局外人"，反而赢得了威斯康星州——一个被希拉里视为"囊中之物"的州——靠的就是这种不满的情绪。

简斯维尔从中产生活堕入贫困的工人们短期内仍然会继续作为特朗普的基本盘，因为特朗普的话语和表态对他们而言是最动听的。虽然特朗普很难在社区层面带来本质的改变，但替他们胸中瘀积的愤懑找到了一个出口。

《简斯维尔》一书的副标题是"一个美国故事"，其意义在于，如果放眼过去 50 年的图景，它是美国社会从共同繁荣迈向阶层撕裂的一个最好的样本。

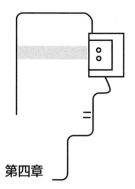

第四章

求变中国

从全球经济荣枯的视角看中国的发展 ①

国家经济发展的兴衰有没有规律？发展中国家应该怎么做才能稳步迈上发展的阶梯？如何避免陷入"中等收入陷阱"？摩根士丹利新兴市场专家夏尔马在《国家兴衰》中试图找到解读经济体荣枯的法则。

夏尔马的这本著作有三大特点。

第一，这本书有它广阔的视角，几乎列数了二战之后所有曾经有过亮点的经济体。据说夏尔马平均每个月有一周的时间待在发展中国家，实地考察，也和当地的政商高层有沟通，同时他也是欧美主流媒体的专栏作家，所以他能够从投资人和媒体人这两个相互交替却又截然不同的视角去分析不同国家经济的发展，可谓独特。

第二，除了广度之外，夏尔马把自己观察的重点聚焦于5~10年

① 本文为《国家兴衰》推荐序。

这样的中等时长，也就是一般经济周期的长度。他认为，预测一国经济中长期发展，尤其是基于某段时间的快速发展而类推未来50年甚至100年的发展，很难靠谱。日本就是一个非常好的例子。有人拿20世纪80年代日本的发展速度预测日本经济的发展，提出21世纪初日本就会超越美国成为全世界最大的经济体。谁也没有想到，1990年便是日本经济停滞的"失去的二十年"的开始。相反，5年是最好的焦距。所以在这本出版于2016年的书中，很多分析并没有因为大环境的变化而失焦，反而令人更清楚问题的所在，无论是新兴市场的风险还是货币战争。

第三，这本书提出的一些分析国家兴衰的经验法则，无论对于我们去分析中国经济的风险和韧性，还是去考察"走出去"政策，"一带一路"投资的风险和机会，都大有裨益。

从全球经济发展史的视角看中国改革开放 40 年

根据世界银行的研究，二战之后，有13个国家步入高等收入水平，但是有31个国家从中等收入水平沦落到贫困水平。这一组数据表明，国家经济的发展并非一条坦途。中国经济经过40年的发展，走对了一条人口大国发展的路，并非易事。

对于新兴市场国家如何发展，夏尔马提出了全方位开放、制造业立国和坚持投资供应网络三条经验，而在这三点上，中国改革开放都做出了正确的选择。

第一是开放，沿着全球贸易路线对邻国开放，加入全球贸易体系，同时国内纵深开放，充分发挥一个国家的地理优势和市场优势。中国2001年加入WTO是开启全面对外开放、整体融入全球化的一个标志。中国二线城市的发展放在全世界城镇化的图谱中，都是令人瞩目的。夏尔马特别对比了中国和印度在过去20年的城镇化发展：如果说中国是一个有着众多快速成长的大都市的国家，那么印度就是一个拥有充满裂痕的巨型城市的国家。

此外，对比一下东亚和南美就能明显看出开放与否对经济发展至关重要。巴西是南美洲贸易不开放的典型，南美洲两万多公里长的海岸线，却只有巴西桑托斯港一个港口名列全球港口前五十。相反，中国却有七个港口进入全球前十大港口名单，而且大多是自然条件并不太好的人工深水港。太平洋航线取代大西洋航线成为全球更重要的贸易线路，正是得益于全面开放的政策。

第二是制造业立国。制造业有韧性，发展的包容性更高，可以在新兴市场发展初期极大调动廉价劳动力这一重要资源。夏尔马的研究发现，在战后经济发展中，制造业带来的正景气循环的案例比比皆是：当投资占GDP的比例超过30%的时候，会保持在这一比例相当长一段时间，平均是9年。有了制造业作为基础，也可以更好地抗击全球金融风险，哪怕陷入本币贬值、外资撤离的窘境。韩国和泰国在1998年亚洲金融危机之后的状况就是最好的例证。

第三是要加强国家对供应网络的投资。所谓供应网络，就是营造良好的营商环境所必需的基础设施，包括发电厂、铁路和公路、仓储、通信设施等。供应网络可以说是对中国发展经验中"要致富，先修路"的一个很好的注解。

供应网络投资不足限制了很多新兴经济体的发展。巴西和墨西哥就是两个例子，两国投资占 GDP 的比例长期低于 20%，供应网络的不足成为制约经济发展的瓶颈。因为缺乏对基础设施的投资，一些国家特别容易遭受通胀的压力，一旦消费兴起，需求却因为道路、铁路、电力欠缺而无法被满足，商品价格就会提高，进而引发通胀。对比一下中国和巴西、墨西哥的经验，不难发现，尤其是在过去 20 年，中国的高增长、低通胀与拉美这两大新兴市场国家长期以来的通胀高企、增长不足，形成了鲜明的对比。

正视中国经济面临的风险和潜在的危机

经过 40 年经济高速发展，中国经济面临的风险也在累积。总体而言有三点：第一，投资占 GDP 比例过高造成的投资缺乏效率和坏投资积聚的风险；第二，投资依赖信贷导致的债务过高和负债增速过快的风险——而这两大风险又集中表现为房地产占 GDP 比例过高，以及以房地产为代表的资产价格泡沫带来的风险；第三，人口结构变化带来的风险，尤其是老龄化和少子化进程加速给经济带来的失速风险。

投资是拉动经济的主要引擎，投资的变化体现了市场中信心的变化。但投资也不是越多越好，平衡很重要，所谓过犹不及。当投资加大之后，需要追踪资金到底投向了哪里。按照夏尔马提出的经验法则，投资占 GDP 的比例最好在 35% 以下，25%~35% 是保持良好投资势头的"甜水区"，超过了这一比例区间就会出现过量和浪费的现象。而且，站在发展的角度，夏尔马认为投资也有明显的好坏之分：制造业、科技和基础设施是好的投资，而房地产和资源类的大宗商品则是坏的投资。

这种好坏的分野并不是单纯从经济效益上来区分的，房地产和资源类投资短期都可能带来巨大的经济效益，相反基础设施的回报周期很长，过度投资也可能产生"大白象"工程。但是房地产投资对经济的刺激是短期的，而且可能因为加杠杆而加剧债务负担；而资源类大宗商品可能带来的寻租行为是非常值得警惕的。

债务在一段较长时间内的增长持续快于 GDP 的增长，流动性丰沛，会导致生产率下降、引发泡沫，还可能引发金融危机，这是夏尔马给中国经济的提醒。2010 年以来，根据一些国际机构估算，中国不仅债务占 GDP 的绝对比重已经上升到近 300% 的水平，债务的增速也十分惊人。

而二战之后 30 个债务激增的国家，其经济发展无一例外都经历了严重的衰退。尤其当投资从好的投资转移到坏的投资领域之后，类似的规律在战后经济发展中屡屡得验，无论是日本还是意大利，产业发展之后都会引发房地产泡沫，泡沫破裂，一地鸡毛。

根据夏尔马的预测，债务危机一般都有临界点，过了之后，可能引发金融危机，肯定导致经济衰退。临界点一般在负债快速增长的第5年，当负债连续5年超过GDP增速40个百分点，经济就会出问题。

人口结构的变化对经济发展也至关重要。人口结构变化最重要的判断标准是，国家的人才库是在壮大还是缩水。其中两个指标很重要：一个是未来5年劳动力人口增长的预测曲线（这里劳动力人口的定义是15~64岁的人口总数），另一个则是政府采取什么措施来抵消人口增长的放缓。

中国劳动力人口发展已经走过了拐点，2003年，劳动力人口年度增长开始低于2%，到了2015年，增长第一次为负数，劳动力人口变化的速度惊人。因此，中国人口政策面临的最大问题是变化的速率问题，无论是生育率降低的速度、劳动力人口的变化速率，还是老龄化的速度，都比发达国家人口增长放缓、老龄化加剧的步伐更快，给我们进行政策调整的窗口时间因此也更短。

投资泡沫、债务风险、房地产泡沫和人口增长放缓，是中国改革进入深水区需要解决的问题。

评判新兴市场的经验法则

中国的"一带一路"倡议涵盖了六七十个新兴市场国家。如果从经济发展史的经验来看，期待所有这些国家全部开足马力发展经济是不切实际的，如何判别它们各自的优势和问题，有所辨别，有所区分，对中国"走出去"战略的成败至关重要。夏尔马就提出，一个新兴市场国家的地理优势、开放程度、对供应网络的投资、管理利率与汇率的能力，是衡量它经济发展潜力的几个重要指标。而恰恰是这些因素之间的交叉组合，决定了一个国家未来 5 年的发展方向。

越南和柬埔寨就充分挖掘了国际贸易的区位优势，它们承接从中国市场转移出来的劳动力密集型产业，又依托美亚、欧亚贸易大动脉，发展迅速。类似的区位优势也体现在中欧国家。中欧的波兰、捷克、斯洛伐克和匈牙利都依托贴近德国这一欧洲经济发动机的区位优势发展，斯洛伐克甚至成为欧洲最重要的汽车生产地。

相比越南和柬埔寨，其实南亚的印度、巴基斯坦和斯里兰卡及北非的利比亚等国更靠近欧亚贸易线路，劳动力成本甚至更低，但是从经济发展的状况来说，却是越南和柬埔寨更为成功。这说明其他方面的因素——比如对外开放、对基础设施的投资等——有时候比区位优势更重要。新兴市场需要有区位优势，但更需要政府拥有利用区位优势的能力。

通货膨胀和汇率变化则是衡量一个国家的财政金融政策及应对风险能力的指标。

很多新兴市场国家——如巴西和阿根廷——出现持续的通胀，就是长期缺乏对基础设施的投资导致的供求失衡的通胀——经济周期向好，老百姓需求增加，而供给因为基础设施瓶颈跟不上需求的提升，从而导致商品价格上涨。所以夏尔马判断通胀的经验法则就是：商品价格通胀是坏事。

汇率问题上，争执的焦点是一个国家的货币坚挺到底是好事还是坏事？坚挺意味着本国货币对美元升值。夏尔马的经验法则是，新兴市场国家本币的汇率有竞争力比汇率坚挺好，汇率坚挺会导致资本外逃。巴西就一度如此，受益于大宗商品价格增长，本币升值，国内少数精英在海外不断购买奢侈品和房地产；相反，本币升值导致吸引外资乏力，因为标的资产太贵了。

不过，依赖本币竞争性贬值从而加强出口竞争力的经验法则过气了。因为供应链深度整合，在制造业立国的很多新兴市场国家，劳动力在最终出口商品中的占比并不大，本币贬值带来的好处会因为进口零部件的升值而被冲销。

所以夏尔马给出的判断一国汇率的经验法则也很简单：汇率有竞争力且保持稳定。经常项目赤字不超过 GDP 的 3% 是判断一国汇率稳定的标杆。反观土耳其货币危机，可谓"冰冻三尺，非一日之寒"。过去几年，土耳其的经常项目赤字都在 4% 上下徘徊，2018 年更是超过 7%，这是它货币暴跌的内因。类似的保持长期经常项目赤字的国家还有南非和阿根廷，两国货币大跌也并不令人意外。

未来发展的思考点

夏尔马提出的三个有关未来发展的思考点，值得我们深思。

首先，经济增长不可能是线性的，预测经济增长的一大忌讳就是从短期经济增速出发划出条直线预测未来，因为就长期而言，"回归平均"是每个国家经济发展的大势所趋。美国前财政部部长萨默斯的研究发现，二战后不同国家的经济经历了快速发展之后，都会回到平均值，也就是 GDP 增长在 3.5% 左右的发展速度。

　　用线性思维来预测未来的经济发展，可能会被"锚定思维"的偏差蛊惑，即使是 IMF（国际货币基金组织）也会犯同样的过度夸大经济增长的长期性的错误。前文引述的以 20 世纪 80 年代日本的发展速度预测日本经济将于短期内超越美国就是一例。经济有周期，很难保持长期的快速发展。一旦将经济发展的数字锚定为目标，就可能陷入投资效率差、负债高企的陷阱。

　　其次，不存在什么中等收入陷阱，发展陷阱在一个国家的任何发展阶段都有，改革必须成为常态。跌落发展阶梯的国家很多：阿根廷在 100 年前是可以和英美媲美的发达国家，现在却成为需要不断向 IMF 申请纾困的发展中国家；委内瑞拉曾经在 20 世纪 70 年代的石油危机中人均收入跃入发达国家行列，现在却深陷超级通货膨胀的漩涡。

　　最后，危机最有可能推动改革，但是改革带来发展之后，可能引发自满、自负和自大的情绪，特别值得警惕。未来的发展显然不能依靠"摸着石头过河"，需要创建一套系统来敏锐捕捉变化的迹象以推动改革，即使其他人都顺势而为，也不能低估改革的重要性。

我们该怎么看待人口问题？

曾经有篇向 40 岁以下国民征收"社会抚养费"的文章引发热议，讨论几乎是"一边倒"式的，认为借收费改变国民生育习惯的方式简单粗暴。不过这一讨论之所以能成为舆论圈的焦点，凸显了两方面的问题：一方面，大家担心中国人口结构正在发生的急剧变化对经济可能造成的影响；另一方面，因为养育孩子的成本飙升，很多人都认为在鼓励生育上政府应该有所作为，如果简单地把养育孩子的成本强加到所有人身上，有失公平。

一个国家的人口政策是国之大计，因为人口结构对国家经济发展至关重要。中国面临的挑战恰恰是老龄化的快速到来和老龄化与少子化的效应叠加。2003 年，中国劳动力人口增速就开始放缓，而到了2015 年，第一次出现了负增长。

人口增长放缓的另一面是人的寿命大幅增长。按照《百岁人生》（*The 100-Year Life*）中的预测，"00后"一代新人活到 100 岁的概率要高得多。中国人均预期寿命已经达到 77 岁，和许多发达国家不相上下。一项分析预测，中国 65 岁以上的老人占总人口的比例到 2027 年将达到 14%，相对 2000 年 7% 的水平翻了一番。类似的翻番，法国用了 115 年，美国用了 69 年。

人口炸弹，还是人口红利？

全世界面临的最大问题是人口过多超出了地球可以承受的范围，还是人口增速骤减导致年轻人越来越少将引发的经济灾难，归根结底是我们怎么看待人口的问题。

环保主义者认为人口的增长埋下了"人口炸弹"。联合国的一份调查被广为引用。调查预测 2050 年全世界人口将接近 100 亿。要满足这么多人的基本粮食需求，到 2050 年，全世界的农产品收成需要增加 50%。因为全世界只有不到 1% 的水资源是可以使用的淡水，届时会有 50 多亿人缺水。人口爆炸引出了一个非常重要的问题，那就是地球到底能不能承受或者供养得起 100 亿人。当越来越多的人希望享受中产生活方式的时候，我们是否有足够的食物、淡水、住房、交通设施、电力、资源等去供养众多消费升级的人口。

经济学家认为，人口会带来人口红利，尤其是年轻人口的增长，会直接拉动经济增长。但是一个国家利用人口红利也是有前提的，那就是政府必须营造足够好的经济环境来吸引投资、创造就业。

全球经济史上人口快速增长非但没有带来经济增长，反而导致出现更多困难的例子比比皆是。在阿拉伯世界，从 1985 年到 2005 年的 20 年间，人口增长超过了 3%，但是 2010 年以后，许多阿拉伯国家都出现年轻人失业率居高不下的问题，40% 的伊拉克年轻人、30% 的埃及和突尼斯的年轻人都没有工作。同样，在 20 世纪 60 年代到 70 年代，中国、印度和非洲的人口增长也都没有带来经济增长，伴随着的也是失业率的激增。

即使是现在经济发展增速很快，而且仍然有着巨大人口红利的印度，也面临严峻的就业问题。每年印度有 1000 万年轻人进入劳动力市场，却只有 500 万个工作机会。10 年前，关于中国经济必须保持 8% 的年度增长率的一项考虑就是：只有保持这样的经济成长速度，才能创造出足够的就业机会。

专门研究新兴市场的夏尔马在《国家兴衰》中，对二战后 56 个连续十年以上经济增速保持 6% 的国家做了一番分析，发现在经济高速增长的同期，这些国家的劳动力人口平均增速为 2.7%。他因此总结出一个经济发展的经验法则：一个国家的劳动力人口增长率如果低于 2%，就很难保持长期的经济增长。夏尔马同时发现，在过去 30 年，对移民很开放的美国，劳动力人口增长最快，是法国和英国的 2 倍、德国的 5 倍。劳动力人口增长更快很好地解释了美国经济发展速度更快的原因，美国、英国和德国人均 GDP 的增长差不多。两个案例都很明确地告诉我们：人口红利对经济增长的贡献很明显。

环保主义者对全人类命运的担忧，当政者对增长的人口带来的潜在问题的关注，经济学家研究得出善用人口红利能够带动经济发展的结论，都意味着对人口政策的考虑不应是一元的，不应仅仅从人口到底是增加好还是收缩好，或者到底是坚持计划生育好还是鼓励多生孩子好这样对立的角度去看问题。

但是，有一点是肯定的，全球大部分地区人口的增速正在下降。二战后全球人口年均增长 2%，到 90 年代以后，全球人口增长放缓到 1%，日本、意大利和德国等国劳动力人口已经开始下降。而 2010 年之后，全球最大的 20 个发展中经济体，只有沙特阿拉伯和尼日利亚的人口增长率在 2% 以上，中国和印度这两个人口超级大国都面临人口增长放缓的问题。人口政策讨论的天平因此倾向于如何保持增长而不是担忧人口爆炸可能带来的威胁。

看得见的手是否可靠？

经济学家预测一个国家经济发展潜力的另一项指标是赡养比例，也就是退休老人与劳动力人口之比。中国 2010 年经济增速见顶，之后中国人口结构的赡养比例也从 1 ∶ 3（1 个老人 3 人赡养）开始攀升。如何鼓励生育一下子成了政策制定者面临的新问题。如果赡养比例快速飙升，不仅社保面临巨大缺口，整个经济发展的活力也可能出问题。

中国在生育政策方面讨论态度的转变也符合全世界的潮流。根据联合国的数据，2015 年有 70% 的发达国家开始贯彻鼓励生育的政策，而 20 年前，这一比例只有 30%。

最常见的政策就是生育补贴。很多国家鼓励妇女生育两个以上的孩子，给予生第三个孩子的家庭高额补贴。举例来说，加拿大 1988 年就开始提供生育补贴，澳大利亚和法国也都在 2005 年开始推出各自的生育补贴，而以法国的生育补贴尤为慷慨。

法国针对生育三孩家庭的补贴具体包括保姆津贴、减税、增加 10% 的养老金及补贴火车票打折 25%（搭乘火车是最重要的通勤方式）。政府还发给第三个孩子每月 400 欧元的津贴，如果母亲辞去工作做全职妈妈，她还可以每月领取 1200 欧元的津贴。按照设计者的想法，慷慨的政府补贴是为未来投资，虽然成为全职妈妈的妇女退出了职场，但是她是在为培养 20 年后的劳动力做贡献。

遗憾的是，上述生育补贴没有一例创造出令人惊艳的成效，并没有从根本上扭转生育率降低的趋势。

加拿大在实施一年之后就取消了生育补贴，因为不同阶层对于生育补贴的反应不同，大多数响应者来自低收入人群，而他们的孩子加剧了国家福利支出的负担。澳大利亚的生育补贴于 2011 年被削减，因为效果不佳。法国则在 2015 年大幅削减补贴，原因也是效果不佳和财政压力。

加拿大、澳大利亚和法国的例子明显告诉我们，通过国家政策鼓励生育，过程会很慢，结果也很难预测，因为老百姓的生育问题实在是一个复杂的问题，既关乎每个人的自由权利，也与城镇化息息相关，还取决于社会习惯的转变，绝不是出台一个刺激性的政策就可能立竿见影的。

"不承诺"的"90后"

在《百岁人生》里，格拉顿（Lynda Gratton）很敏锐地捕捉了正在发生的人生变化。如果说工业时代塑造了"学习、工作、退休"的人生三段论，那么当人生变得更长更健康时，普通的人生三段论也会有所改变。就好像过去100年增加了两个人生阶段——青少年阶段和退休阶段（100年前很少有人活到50岁以上），现在又增加了一个新的人生阶段——18岁到30岁的阶段，可以称为"探索"的阶段。

"90后"恰恰是正处在探索阶段的一代，"00后"也正在迈入这一人生阶段。他们不再像前代人一样愿意过早做出承诺，无论是对婚姻、家庭，还是工作。探索阶段让他们可以尝试更多的可能，但是，这也意味着越来越多的人会推迟成家立业，育儿的时间也会被推迟，还会有很多的人选择不生孩子。人生新阶段给生育率带来的影响将是深远的。

中国年轻人的生育观可能更复杂。多年的计划生育政策深刻改变了社会习惯，一方面塑造了独生子女一代人，没有兄弟姐妹的这一代人更容易和全球同步，专注于自我，专注于职业发展；另一方面也改变了中国"多子多福"的思想传统。

中国的地区发展不均衡也意味着不同地区的生育观会有差异。比如，城镇化进程明显影响着生育观。全球经济史上也有类似的例子。工业革命之前的欧洲和传统的中国一样，家庭内部男女有着明确的分工，男主外女主内。过去100年，随着妇女的解放，大量妇女进入职场，很多职场女性为了职业发展不得不推迟生育年龄。

但是，女性进入职场的速度大大快于传统观念改变的速度，即社会习惯的改变与社会经济的改变是脱节的。比如对男女在家庭中所扮演的角色的观念，各国改变的速度就不同。北欧、英国和法国，传统的观念已经被彻底颠覆，北欧有男女均有带薪产假的法律新规。当然，在制度上，因为政府和社会能提供更好的托儿所和幼儿园服务，这些国家的女性返回职场相对容易。相反，在德国和意大利，家庭内部男女分工的传统观念的改变则慢得多，这导致越来越多的女性选择为了职业而不生育。这是德意和英法在生育率上有差别的原因。

人口政策是一个很复杂的问题。即便是政府政策，也不可能是放开生育、鼓励生育、给予生育补贴这么简单。鼓励家庭养育孩子，需要政府、社会和家庭的共同努力。一些普遍的经验，比如父母双方都能享用足够长的带薪休假、政府加大对托儿所和幼儿园的投资，都对提高生育率有所帮助。另一些中国特有的问题，比如高房价的压力、教育资源的不均，则需要更多创新讨论去破题。

中国如何在非洲双赢？

2018 年 9 月在北京举行的中非合作论坛上，中国承诺将给予非洲 600 亿美元的投资和援助。有关非洲的讨论热火朝天，但是真正了解非洲的人并不多。非洲到底对中国有着什么样的战略意义？中国对非洲的投资与援助到底能取得什么样的双赢？我们需要先厘清三个问题。

第一，有人说非洲即将崛起是因为非洲拥有巨大的人口红利，对吗？

第二，中国对非洲的投资和援助是不是意味着非洲能成为制造业的大洲和广阔的市场？

第三，中非合作论坛参与国有 50 多个，这些国家的发展前景都一样吗？

首先，人口红利很重要，尤其是劳动力人口的增长，对于一个国家、一个市场的发展至关重要。一个国家的劳动力人口增长率如果低于 2%，很难保持长期的经济增长。相比其他大洲，非洲的确人口平均年龄低，增速快。全球最大的 20 个发展中经济体，只有沙特阿拉伯和尼日利亚的人口增长率在 2% 以上；预计到 2020—2030 年，只有尼日利亚的人口增长率会超过 2%。非洲大国尼日利亚恰恰是非洲拥有人口红利的代表。

问题是，人口红利只是推动经济持续发展的重要条件，却不是充要条件。人口红利并不能自动推动经济发展。1960 年到 1980 年整整20 年，中国和印度都有着巨大的人口红利，却没有自动带来经济增长。在阿拉伯世界，1985—2005 年，人口增长超过 3%，但 2010 年之后，许多阿拉伯国家都出现年轻人失业率激增的问题，比如伊拉克、埃及和突尼斯。其中，埃及和突尼斯都是北非国家。

所以，如果只有人口红利，没有相应的对基础设施的投资、对营商环境的改善，人口增加无法推动经济增长、创造就业，就可能意味着大量的失业，尤其是年轻人失业的问题。这是投资非洲必须关注的重点。

关于第二个问题，非洲是否能够承接中国模式，承接从中国转移出来的低端制造业，利用廉价的劳动力拉动经济发展？从全球经济发展史来看，依赖制造业发展的确是落后国家腾飞的必由之路。相对于资源型经济体，制造业更有韧性，也能取得更包容的发展。日本学者就提出过"雁行理论"，认为日本走出了一条通过制造业发展的路，而继日本之后，东亚、东南亚多国都相继接过低端制造业，获得了经济发展。

那么，非洲有机会接过这一棒吗？并不容易。依赖制造业走出贫困的路，已经越来越窄了。现在的制造业，一方面因为 3D 打印和贴近发达市场而向欧美回归；另一方面在发展中国家考验的是供应链的综合实力，如果没有基础设施和供应链配套，光有廉价劳动力是没有办法很好地承接低端制造业转移的。

中国在非洲的投资是否能够充分挖掘当地的廉价劳动力潜力还面临一个瓶颈，那就是当地的熟练工人并不多。而要把廉价劳动力训练成为生产线上的熟练工却并不容易。有非洲观察者强调，要想把非洲变成下一个"世界工厂"，不仅需要培养更多的熟练工人，更需要非洲的产业工人熟悉如何管理工厂，有机会和能力成为下一代的小工厂主。在中国改革开放初期，深圳就有很多熟练工人从拉长到队长再到自己开工厂的例子。

第三个问题更重要。非洲不是一个大一统的市场，50 多个国家所代表的非洲有很多面向。我们应当意识到非洲其实是一个很多资源禀赋不同、国情文化各异的经济体放在一个箩筐里的复合体。投资非洲必须聚焦，只有找到中国发展经验能够被很好地利用的国家或地区，才能真正实现双赢。

值得关注的一个区域是由肯尼亚牵头成立的东非共同体（EAC），包括肯尼亚、坦桑尼亚、乌干达、卢旺达、布隆迪和南苏丹。2017 年中国承建的连接肯尼亚港口城市蒙巴萨与肯尼亚首都内罗毕的铁路（蒙内铁路）就是一个很好的基础设施投资案例。东非共同体希望更多地构建区域交通网络来谋求经济发展，其中卢旺达的发展就深得中国特区的精髓。

反观非洲西部的大国尼日利亚，则是一个典型的因为"资源诅咒"而断送发展机会的国家。在自 1960 年独立后的 10 年时间里，尼日利亚发展了繁盛的农业经济，棉花的大量供应催生了尼日利亚纺织业的蓬勃发展。到了 1980 年，尼日利亚纺织业的产值一度达到 89 亿美元，占 GDP 比重 25%，拥有强大的出口能力。但是石油的发现改变了一切，精英开始孜孜以求于如何分配石油带来的巨额红利，却忽视了对道路、电厂和工厂的投资，石油出口带来的大量资金推高了尼日利亚本地货币，让本土的纺织业不再有竞争力，工厂凋零，工人失业，成农业一蹶不振，经济陷入大萧条。当油价暴跌，本币崩溃之后，由于缺乏基础设施，尼日利亚根本没有办法利用本币贬值带来的竞争力提振制造业，制造业已经垮了。当地人甚至把尼日利亚国家电力公司（PHCN，The Power Holding Company of Nigeria）戏称为 "Please Have Candles Nearby"（请备好蜡烛）。尼日利亚一个 2000 万人口的州，发电只有 40 兆瓦装机容量，仅相当于西方一个 4 万人小镇的发电装机容量。

非洲还有一些地区有着明显的地理特点，值得特别关注。吉布提这个中国唯一的海外军事基地所在地就是很好的例子。只有 100 万左右人口的吉布提扼守连接红海和亚丁湾的咽喉要道，是没有出海口的埃塞俄比亚 95% 的贸易份额的吞吐地，极具战略意义。同样，西北非的摩洛哥，与欧洲隔着直布罗陀海峡相望，有成熟的出口加工区，就吸引到了欧洲的汽车和航空工业在此投资建厂。

回答完三个问题，再去思考非洲对于中国的战略意义，以及中国对非洲的投资与西方之前对非洲的殖民统治到底有什么不同，脉络会更清晰。

投资非洲，一方面是为了帮助非洲国家借鉴中国大力投资基础设施的发展模式探索出一条发展的道路；另一方面，也希望在这一过程中推动更多中资企业国际化，寻求投资非洲的机会。如果推动得当，非洲有跨越发展的机遇，比如跨越固定电话而直接开启移动互联网，跨越传统货币直接开启数字支付等，而这些也恰恰是不少中资企业具备优势的地方。

中国在非洲的利益不必讳言，非洲有着丰富的矿产资源，中国的企业将在非洲的基础设施投资中获益很多，中国也希望非洲经济发展、人口增长之后，能成为一个巨大的消费市场。但是，中国的投资与西方 100 年前的殖民主义截然不同。金砖国家新开发银行副行长马斯多普（Leslie Maasdorp）就特别强调：中国对非洲大宗商品和资源类的投资占比并不高，而中国对非洲基础设施的投资，无论是道路、铁路、大坝和发电站，都对非洲经济的中长期发展有着重要的价值。

反思中兴通讯事件

中兴通讯被美国禁售芯片让国人突然意识到，我国的高端芯片仍然非常依赖进口，美国人一招禁运，就仿佛卡住了我们的脖子。网上甚至出现了这样的段子：问题来了，我们应该抵制美货，还是应该抗议美国不卖东西给我们？

不只是高端芯片，在机器人领域，虽然中国的工业机器人每年增长居全球第一，也有不少本土机器人品牌，但是关键零部件仍然有很大比例依赖进口。在关键技术上，我们和欧美还有差距。中兴的事件可以说是当头一棒。

那么差距到底在哪里？又应该有什么样的对策？

剖析这一问题，首先要对我们所处的时代有清醒的认知：我们已经进入了无形资产为王的时代。《经济学人》推荐过一本书，叫作《没有资本的资本主义》（*Capitalism without Capital*），比较全面地描述了无形资产在当下的重要性，而最重要的无形资产莫过于知识产权。这也是为什么这一轮中美贸易纠纷的关键点之一就是对知识产权的保护。

无形资产有它的一些特点，比如非常容易被推广。数字经济时代，拷贝的成本几乎为零。正是因为拷贝的成本为零，无形资产的另一个特点是它的"溢出"效应，也就是非常容易被抄袭。

而关键技术的差距，突然变成中国发展战略中的一大短板，原因是中国过去集中力量办大事的模式在无形资产投资领域，尤其是基础科研领域，并不具备任何优势。基础科研并不遵循市场规律，欧美国家技术领先是因为他们的政府已经集中力量在基础科研领域投资了几十年。

基础科学研究有比较大的溢出效应。这怎么理解呢？即基础科学的研究成果可以在产业内广泛应用，不容易被私营企业申请专利。私人一般不会愿意投资基础科学研究，因为它无法垄断这些科学成果。所以，在欧美，政府向公立大学和研究机构直接拨款成了向基础科研领域投资的"主力军"；此外，政府为了鼓励私营企业的高科技研发，会直接给予拨款或者减免税收。

我们先看一个数据："发达国家俱乐部"OECD（经济合作与发展组织）2013年成员国政府在研发领域的投资大约是400亿美元，此外为私营企业提供了300亿美元的研发税收减免。以英国为例，英国政府对研发领域的投入分布——政府向私营企业提供的研发拨款、税收减免，以及对公立大学和研究机构的研究拨款——比例是 1:3:10，对公立机构的科研拨款仍然占了大头。

通过大手笔的政府采购，欧美政府也可以间接推动私营企业对基础科研的投入。美国半导体产业，也就是后来的芯片产业，其发展就是被政府采购推动的最好例子。在 20 世纪 50 年代，美国军方的采购极大地推动了半导体产业的发展。美国军方并没有直接进入半导体行业，反而通过大宗采购——很多时候采购的价格是成本加溢价，也就是保证半导体行业利润的方式——引导半导体行业在发展与行业相关的无形资产方面大力投资。德州仪器就是受益于当年军方投资的代表，它和其他同类公司不仅在半导体研发领域大力投资，也投资其他制造与销售半导体的相关流程。此外，美国军方采购有一个很重要的要求，也成为推动整个产业快速健康发展的法宝——它要求不止一家企业成为它的半导体供应商，从而间接地鼓励了产业内的不同企业相互之间分享信息、共商标准。

等到 60 年代末军方采购减少之后，民用市场也已经蓬勃发展起来。而德州仪器等公司对制造和销售等相关流程的投入让它们在"军转民"的过程中非常顺利。

另一个比较为人津津乐道的政府推动创新的例子是 DARPA，即美国国防高级研究计划局。很多突破性的技术都是率先由 DARPA 研发出来，然后被私人企业应用，继而带来突破性创新的，比如无人驾驶技术。DARPA 每年预算 30 亿美元，但它之所以能够成为一个非常成功的政府投资高科技研究的机构，依靠的是美国每年6000亿美元的国防采购预算。而美军采购的原则很明确：确保美军的技术优势不被超越。

美国的私营企业在把高科技转化为市场创新的同时，也得到了政府的大量资助。以"硅谷钢铁侠"马斯克为例，他旗下的三家主要公司——生产电动车的特斯拉、生产火箭的SpaceX和生产电池的SolarCity，都从美国政府的科研项目补贴和其他资助中获得了非常大的帮助。如果把这三家公司获得的从联邦到州到地方各级政府的研发拨款、税收减免、厂房建设补助及低息贷款加在一起，总共高达49亿美元。

此外，政府鼓励新能源的政策也为马斯克旗下的公司创造了市场，并推动了市场的发展，尤其创造了对清洁能源车和电池的需求。比如，政府给了新能源车每辆5000美元的补贴，也给了购买太阳能电板的消费者税收减免。而政府采购对推动SpaceX的发展更是功不可没，NASA和美国空军对SpaceX的采购额已经超过55亿美元。

从上述的例子中，可以很明确地得出这样一个结论：无论是基础技术研发的投入还是技术应用的创新，都离不开"看得见的手"和"看不见的手"。政府的投资、拨款和税收减免，以及大手笔的政府采购，是"看得见的手"在推动；同时，私营企业的市场竞争又是市场这一"看不见的手"在推动。两者共同推动了欧美发达市场的技术发展。

还有一个问题非常值得我们深入思考：中国在基础技术研发和应

用创新上还需要走哪些路？

首先是产学研的深度一体化。在 2018 年上海—苏格兰商业创新论坛上，我与几位来自苏格兰的教授深入沟通了苏格兰的创新经验。苏格兰首府爱丁堡被称为欧洲的大数据中心，一个很大的原因就是大学和科研机构发生了根本性的改变：大学的研究与产业的需求直接打通，鼓励学者与商业机构深入对接，一方面让商业机构乐意分享行业大数据，另一方面让学者直接带着商业机构的实际问题做科研。为学术而学术的科研，至少在大数据领域，已经被产学研一体所取代了。

其次是需要对公共投资有更科学的管理和治理。如果公共投资要承担鼓励创新的责任，就需要不断改善政府的治理结构，需要不断增加诚实、能干同时具备经济知识的政策制定者，因为大手笔的公共投资很容易成为寻租的市场，也有太多可能出错。此外，政府投资鼓励研发投入、鼓励创新，就需要承担一定的风险，因为谁也没有办法保证创新的成果。这个时候需要政策制定者对风险有明确的认知，对投资肩负切实的责任。

总结一下，我们已经进入无形资产为王的时代，在对无形资产的投资，尤其是对基础研发的投资中，政府扮演了重要的角色，无论是直接向公立大学和研究机构拨款，还是为鼓励私营机构投入研发而拨款、减免税收或者动用政府采购的杠杆。从这一点而言，所有技术领先的国家都是"集中力量办大事"的。不同的是，它们的产学研一体化程度更深，公共投资的治理水平更严密、更科学。

让故宫鲜活的不只文创

2019 年正月十五故宫开放夜游的消息刷爆了朋友圈，这是故宫博物院建院 94 年来第一次灯火辉煌，与民同乐。此前，故宫博物院院长单霁翔公布了故宫文创的账单，一年 15 亿元的收入让人咋舌。很多人赞叹故宫开放的新姿态，很多人艳羡故宫文创的吸金潜力，却忽略了故宫过去几年一系列动作背后所蕴含的中国经济的表征。故宫在开放与审美上迈出大步，所展示的恰恰是中国人在开放与审美上的巨大变化。

早在开放夜游的一个月前，我就亲历了故宫的改变，参观了在午门城楼上举办的"贺岁迎祥——紫禁城里过大年"特展，对策展团队挖掘清朝皇家过年风俗之细，展览文物之精，重现几百年前过年风貌之巧，都印象深刻。当时的第一感觉是，这才是真正的"消费升级"——

把老祖宗的文物演得鲜活起来，让年轻人能够穿越时空去欣赏和品味古老帝国的风貌，亲身体会民俗在皇家的演绎。故宫上元灯会更一改国人对故宫的印象——这里不再是记录王侯将相后宫佳丽的古旧书堆，而是挖掘恢宏气象，让普罗大众置身于 600 年历史的古建筑之中的与民同乐，是嫁接古老与现代，在宏大的场域中搭建参与经济的勇敢尝试。

如果用几个关键词来形容故宫的改变，那一定不是简单的文化创意，而是正当其时的消费升级和参与经济两者的相辅相成。

故宫的创新，凸显了消费升级的新象限——未来老百姓对更好生活的向往其实在"无形"（intangible）领域有更大的发展空间。生活好了，就会有更多的文化需求和审美追求。故宫文创恰恰是中国艺术宝藏与历史沉淀的最好体现；对故宫文物的挖掘，也能更好地展示和消费中国古老文化艺术的美。故宫本身就有一种特有的雍容华美，而故宫的创新其实回归了这种瑰丽的讲究。沈从文潜身故宫几十年研究中国民俗的艺术宝藏，在他的时代并不为世人所知是因为当时的中国还忙于填饱肚子，不能支撑广泛参与的审美。随着中国成为全球第二大经济体，中国老百姓的钱袋子都鼓起来了，对传统艺术和美的追求与享受，很自然地成为全新的发展趋势。从这一点上来讲，故宫的开放和文创并不是像很多人惊讶的那样来得太早、太突兀，而是审时度势，顺势而为。

上元灯会也体现了参与经济和与民同乐的重要性。活的故宫，不仅是用新的策展形式把文物和文物背后的历史与艺术盘活，也是开放故宫让更多人能去品味和赏鉴这座中国最大的博物馆的活力所在。普罗大众的广泛参与是最大的看点。这一改故宫刻板的"古旧器物保管库"或者"到此一游打卡地"的印象，让更多人意识到它作为一座博大精深的文化艺术宝库的珍贵，作为一个让策展人充分发挥想象力和创造力的灵动舞台的奇妙，作为一个让每个人都能借想象力发思古之幽，弘文化之美的艺术场域的宏大。中华文化的博大精深源远流长，需要大舞台和全民的参与才能真正被人体会，真正得到弘扬。

　　复活的，开放参与的，跨越古今的故宫背后是巨大的付出和努力。"贺岁迎祥"特展的最后用一张合照记录了上百位故宫管理者与研究者的付出，上元灯会的策展需要付出更多。更值得称赞的是企业对这些特展的支持，"贺岁迎祥"就得到了工商银行的支持。未来，这样的文创平台一定会得到更多企业的支持，因为故宫的 IP 可以挖掘出的文化宝藏不可限量。

　　故宫作为一个跨越古今的策展平台和挖掘中国传统文化艺术的文创平台，只是"小荷才露尖尖角"。参观"贺岁迎祥"时，我也特别留意了故宫里的纪念品商店，印有雍正御批"朕知道了"的文具很可爱，但是挖掘馆藏艺术品的精美礼品还不多。我桌上的马克杯购自伦敦维多利亚与阿尔伯特博物馆的纪念品商店，图案采用的是馆藏 16 世纪土耳其伊兹尼克瓷盘的花纹。想象一下，将印有《富春山居图》奇峰的精美瓷器摆在桌上把玩会是一种什么样的欣喜！

　　让文物之美进入寻常百姓的生活，故宫才只是迈出了第一步。

图书在版编目(CIP)数据

聚变：商业和科技的前沿思考 / 吴晨著. — 杭州 ：
浙江大学出版社，2019.9
ISBN 978-7-308-19277-4

Ⅰ．①聚… Ⅱ．①吴… Ⅲ．①商业经济－经济发展趋
势－研究②企业管理－技术革新－研究 Ⅳ．①F7
②F273.1

中国版本图书馆CIP数据核字(2019)第129643号

聚变：商业和科技的前沿思考
吴　晨　著

策划编辑	顾　翔
责任编辑	张一弛
责任校对	杨利军　刘葭子
封面设计	VIOLET
排　　版	杭州林智广告有限公司
出版发行	浙江大学出版社
	（杭州市天目山路148号　　邮政编码　310007）
	（网址：http://www.zjupress.com）
印　　刷	杭州钱江彩色印务有限公司
开　　本	880mm×1230mm　1/32
印　　张	7.375
字　　数	150千
版 印 次	2019年9月第1版　2019年9月第1次印刷
书　　号	ISBN 978-7-308-19277-4
定　　价	52.00元